HOW TO DRINK

GIN

DEUTSCHLAND

DIE 100 BESTEN GINS

Hallwag

Oliver Steffens

Steffens zählt zu den führenden deutschen Gin-Experten. Als Betreiber von »Ginthusiast« und Mitgründer des Blogs »Trinklaune« gehört er zu den prägenden Figuren der hiesigen Cocktailszene. Für dieses Buch hat er sämtliche porträtierten Gins verkostet und beschrieben.

Stefan Adrian

Der Österreicher mit Sitz in Berlin ist gefragter Fachjournalist und Buchautor in allen Bereichen der Kulinarik und Trinkkultur. Im Einleitungstext dieses Bandes führt er umfassend in die deutsche Wacholder-Tradition ein.

Tim Klöcker & Sebastian Böhme (»OTTTN«)

Unter dem Pseudonym »OTTTN« erzählen der Fotograf Klöcker und der Bartender Böhme innovative Bildergeschichten rund um den Drink als Kunstform – mal minimalistisch, mal experimentell. Die Fotos der Gins stammen von den beiden.

Mixology – das Magazin für Barkultur

Seit 2002 begleitet und beobachtet Mixology die Bar- und Spirituosenbranche als maßgebliches deutsches Fachmagazin. Das Konzept des vorliegenden Bandes wurde von der Mixology-Redaktion entwickelt.

INHALT

A SPICY STORY

Deutscher Gin ist erst seit wenigen Jahren »in«. Doch die heimische Tradition der Wacholder-Destillate ist nicht neu, sie hat hierzulande eine Geschichte, die mehrere Jahrhunderte zurückreicht. Obwohl es manchem Fußballfan nicht gefallen wird: Die kulturelle Nähe zu den Niederlanden spielt dabei eine zentrale Rolle. Und ein Ski-Unfall hat auch noch seinen Teil zur Historie beigetragen.

ZWISCHEN GESTERN UND HEUTE: DIE GESCHICHTE DES DEUTSCHEN GINS

Die neue deutsche Gin-Welle beginnt wahrlich mit einem Knall: In den Tiroler Alpen fahren sich *Dr. Ulf Stahl* und *Gerald Schroff* gegenseitig in die Skier. Wie es der Zufall will, begegnen sie sich noch am gleichen Abend an einer Hotelbar wieder: der eine, dekorierter Mikrobiologe, als Gast, der andere, Diplom-Hotelier, als Bartender. Über mehrere Abende entsteht eine kleine Freundschaft, die kurze Zeit darauf in einer großen Idee mündet: der Wiederbelebung von *Adler Gin*.

Schroff, der schon für Alfons Schuhbeck gearbeitet hat, verlässt die Berge und zieht nach Berlin, wo er die im Dornröschenschlaf liegende *Preussische Spirituosen Manufaktur* vorfindet, wo Stahl tätig ist. Das ist zumindest die romantische Version. In der Realität bedeutet die Revitalisierung der Anlage, die 1874 als *Versuchsanstalt des Verbandes der Spirituosenfabrikanten Deutschlands (VLSF)* im rauen Stadtteil Wedding eröffnet wurde, harte Arbeit. »Die Scheiben sahen aus, als wären sie aus Milchglas. In Wahrheit war es der jahrzehntelange Beschlag von ätherischen Ölen, den wir in Handarbeit mit der Rasierklinge abkratzen mussten«, erinnert sich Schroff an die Anfänge.

2007 schließlich kommt Adler Gin auf den Markt, der großteils auf einem Rezept von *Max Delbrück* beruht, dem ersten Leiter der VLSF.

Die Brennerei Eversbusch in Hagen-Haspe im Jahre 1938. Geändert hat sich dort bis heute nur wenig: Auch der »Doppelwachholder« von dort schreibt sich noch immer stolz mit »hh«.

Adler Gin leitet somit nicht nur als Produkt die neue deutsche Gin-Welle ein, sondern nimmt auch deren Philosophie vorweg: Es geht um hochwertige, handgemachte Spirituosen, in denen persönliche Leidenschaft steckt.

Dass Schroff und Stahl in ihrem Vorhaben auf ein Rezept aus dem vorigen Jahrhundert zurückgreifen, verdeutlicht aber auch, dass deutscher Gin auf eine Historie zurückblicken kann. Sie mag nicht so groß sein wie in England, dem Mutterland des Gins; aber die Deutschen und Wacholder – das ist schon lange eine Liaison. Sie war nur etwas in Vergessenheit und Verruf geraten.

VON DER ARZNEI ZUM ARBEITGEBER

Um das zu verstehen, wirft man am besten einen Blick ins westfälische Steinhagen. Das heute knapp 20.000 Einwohner zählende Städtchen trägt die Wacholderbeere gar im Stadtwappen, und das nicht von ungefähr. Arzneien auf Basis von Wacholder – schon seit dem Mittelalter u.a. für seine magenberuhigende Wirkung geschätzt – wurden dort seit dem 15. Jahrhundert verwendet. Mit der aufkommenden Destillationskunst in Europa wurde Steinhagen dann rasch zu einem Epizentrum des deutschen Wacholderschnapses.

Brannten die Steinhagener zunächst meist für den Hausgebrauch, war es *Heinrich Wilhelm*

Das Haus Schlichte war die führende Wacholder-Brennerei in Steinhagen und damit stilprägend für die ganze Gattung. Und Schlichte war auch die letzte Steinhagener Brennerei, die aufgekauft wurde. Nach rund 150 Jahren.

Eversbusch ist – nicht nur in Sachen Wacholder – eine der traditionsreichsten deutschen Destillerien. Und bis heute in Familienbesitz.

Schlichte, der um 1840 begann, seine Erzeugnisse weitläufiger zu vertreiben. *Steinhäger* wird mit den Jahrzehnten zum geflügelten Begriff, verkauft in markanten Flaschen aus Steinzeug. Diese halten die Flüssigkeit nicht nur kühl, sondern verleihen Steinhäger auch noch lange Zeit sein Image.

Zur Hochblüte produzieren in Steinhagen ca. 20 Brennereien die Spezialität. Steinhäger unterscheidet sich – neben technischen Besonderheiten – von Gin geschmacklich vor allem dadurch, dass bei seiner Produktion einzig und allein auf Wacholder als Aromat zurückgegriffen wird, während im klassischen London Dry Gin die Wacholdernote zwar tonangebend ist, aber auch ergänzende Zutaten zum Tragen kommen. Der Mindestalkoholgehalt für Gin ist bei 37,5 % Vol. festgelegt, während Wacholderschnäpse auf nur 30 % Vol. kommen müssen.

Steinhagen ist durch seine Dichte an Brennern der wohl bekannteste Ort der deutschen Wacholder-Tradition, er ist aber nicht der einzige. Im westfälischen Hagen etwa produziert die Familie *Eversbusch* seit 1817 ihren *Doppel-Wachholder* (das doppelte »h« ist kein Schreibfehler), und im münsterländischen Schöppingen sitzt die Brennerei *Sasse*, 1707 erstmals urkundlich erwähnt; nur zwei weitere Beispiele, bei denen die Wacholderbeere – wissenschaftlich gesehen übrigens ein Zapfen – für Familienehre steht.

Wacholder

Ohne Wacholder kein Gin, so einfach ist das. Die kleinen Beeren – aus botanischer Sicht übrigens Zapfen – verleihen dem Destillat sein klassisches harzig-frisches und manchmal »waldiges« Aroma. Je nachdem, wie der Brenner sie einsetzt, lassen sich allein aus Wacholderbeeren schon unheimlich vielschichtige Aromen hervorzaubern.

IM DEUTSCH-HOLLÄNDISCHEN GRENZGEBIET

Nicht von ungefähr blüht diese deutsche Tradition in Bundesländern, die in unmittelbarer Nachbarschaft zu den Niederlanden und Belgien liegen. Von dort stammt *Genever*, der Vorläufer des Gins. Genever wiederum leitet sich von den niederländischen *(jeneverbes)* bzw. französischen *(genévrier* oder *genièvre)* Begriffen für Wacholder ab. Laut EU-Spirituosenverordnung muss Gin aus Neutralalkohol landwirtschaftlichen Ursprungs bestehen, der mit Wacholder und anderen Gewürzen versetzt wird. Für Genever ist jedoch vor allem *Moutwijn* (»Malzwein«) charakteristisch, ein auf Getreide basierendes Destillat, das sehr malzig ausfallen kann. Dafür werden meist Roggen, Weizen, Gerste und Mais verwendet. Dieser Moutwijn wird mit einem Destillat aus Wacholder, Früchten und Kräutern verschnitten – also im Prinzip mit Gin. Die Bandbreite ist sehr groß: Es gibt sehr neutrale Genever, fassgelagerte Genever (mit Whisky-Anklängen), aber auch komplexe ungereifte Genever mit vielen Botanicals und tiefer Malzstruktur. Und neben den Niederlanden, Belgien und den beiden französischen Départements Nord und Pas-de-Calais dürfen nur Produkte aus Nordrhein-Westfalen und Niedersachsen als Genever bezeichnet werden, wie etwa *Fissers echter ostfriesischer Genever*.

So setzt sich die deutsche Wacholder-Tradition aus Wacholderschnaps und Genever zusammen und erlebt vor allem in den Zeiten des Wirtschaftswunders ihre Blüte. Aber parallel zum Niedergang der klassischen Cocktailkultur – also spätestens ab den 1970ern – beginnt auch die Talsohle des deutschen Wacholderschnapses. Die Gründe sind klar: Für die junge Generation stehen Disco und Punk höher im Kurs, und niemand trinkt zu »Saturday Night Fever« oder The Clash gerne Opas Steinhäger, eher Tequila Sunrise und Wodka. Parallel dazu ersetzen in den Hausbars der Mittelschicht exotische Urlaubsimporte wie Metaxa oder Campari die einheimischen Dauerbrenner Wacholder und Eierlikör. Die Rezeptur des alten Adler Gins verstaubt längst in den Berliner Archiven.

Der Zeitgeist braust über Wacholder hinweg. Darüber hinaus steigt die Schnapssteuer in Deutschland von Anfang der 1970er-Jahre bis Mitte der 1980er-Jahre um 70 Prozent, ein weiterer Grund, weshalb der Absatz von Steinhäger im gleichen Zeitraum um etwas mehr als die Hälfte sinkt. Vom weitbekannten Schlichte-Slogan »Trinke ihn mäßig, aber regelmäßig« scheint nur das dritte Wort den Konsum zu beschreiben: mäßig. In Steinhagen fusionieren schließlich die großen Konkurrenten König und Schlichte, um das Unheil abzuwenden. Aber auch das nützt nichts gegen die grassierende Wacholderfeindlichkeit im Lande: 1990 wird Schlichte von der Kornbrennerei Friedr. Schwarze übernommen und firmiert seither unter Schwarze & Schlichte. Zwar ist Steinhäger ab 1989 ein geschützter Begriff und darf nur

Heute würde man es »craft« nennen, in der Zwischenkriegszeit war diese Abfüllstraße in Steinhagen der »State of the Art«.

von Steinhagener Produzenten verwendet werden – von den einst 20 Brennereien gibt es allerdings vor Ort nur noch zwei, und keine davon ist tatsächlich in Steinhagener Hand.

BEWEGUNG, GEGENBEWEGUNG

Ein Gesetz des Kosmos ist: Auf Bewegung folgt Gegenbewegung. Mit dem Start in das neue Jahrtausend erlebt die klassische Barkultur eine Wiederauferstehung, und zieht den Wacholder wieder mit sich aus den Untiefen. Rezepte aus dem 19. Jahrhundert werden aus Antiquariaten gefischt und finden im Internet Verbreitung, in den Bars stehen wieder frisch gepresste Säfte, und klassische Cocktails wie Martini oder Gimlet sind nicht mehr schwarz-weiße Hollywood-Folklore, sondern stehen für Urbanität und Genuss. Es ist noch eine kleine Bewegung, aber ihre Protagonisten meinen es ernst mit ihrer Besinnung auf Qualität und Authentizität. Und eine Vielzahl der klassischen Cocktailrezepte verlangt eben nach: Gin. Der Gin-Markt ist zu diesem Zeitpunkt fest in britischer Hand und wird von Marken wie Gordon's oder Bombay Sapphire regiert, der blauen Gin-Ikone der 1990er-Jahre. Die Auswahl in den meisten Bars beschränkt sich aus diesem Grund auf wenige Produkte, aber erste Ikonen der neuen Cocktail-Bewegung basieren auf Gin, wie etwa der *Bramble* des Londoner Bartenders *Dick Bradsell* oder auch der Drink, der zur deutschen Cock-

Die Brennerei Kisker aus Halle/Westfalen gehört zu den wenigen »Überlebenden«. Dort wird seit über 285 Jahren Wacholder destilliert.

Koriander

König Wacholder – und Prinz Koriander! Die würzigen, pikanten Samen sind ohne Frage die zweite Hauptzutat traditioneller Gins. Sie sorgen nicht nur für eine feine Gewürznote, sondern steuern auch deutliche Aromen von Zitrone bei. So deutlich, dass mancher Gin nach Zitrus duftet, ohne Zitronen zu enthalten!

tail-Ikone des neuen Jahrtausends schlechthin werden soll: Der *Gin Basil Smash* des Hamburger Barbetreibers *Joerg Meyer*, der 2008 das Licht der Welt erblickt.

Es ist also die gleiche Zeit, in der Stahl und Schroff ihren Adler Gin lancieren. Im Herbst 2008 bringen die beiden Münchener *Daniel Schönecker* und *Maximilian Schauerte* den *The Duke Gin* auf den Markt. Und hieße dieses Buch »100 Gins aus dem deutschsprachigen Raum«, müsste auch der *Blue Gin* des Österreichers *Hans Reisetbauer* erwähnt werden, der 2006 auf den Markt kam und wahrhaftig eine Wacholder-Duftnote setzte. Die ebenfalls auf handwerkliche Verarbeitung und einen Manufaktur-Gedanken setzende Duke-Destillerie in der Maxvorstadt ist die erste Münchener Destillerie seit den 1970er-Jahren (mittlerweile brennt man in Aschheim vor den Toren Münchens).

Adler, Duke und Blue Gin bilden somit das Triumvirat der Gin-Pioniere. Ein anderes Produkt aber sollte den aufkeimenden deutschen Gin-Boom in die nächste Sphäre katapultieren. Im gleichen Jahr, in dem The Duke auf den Markt kommt und Meyer seinen ersten Basil Smash serviert, treffen sich im Schwarzwald der ehemalige Nokia-Manager *Alexander Stein* und der frühere Kunstbuchverleger *Christoph Keller*. Die beiden arbeiten zwei Jahre lang an der Rezeptur für einen Gin, den sie mit 47 Aromen und einem Retro-Packaging versehen sowie mit einer (Marketing-)Legende rund um einen vermeintlichen britischen Soldaten, der nach dem

Zitrusfrüchte

Schalen reifer Zitrusfrüchte sorgen in klassischen Gins für die charakteristische, feinfruchtige und »crispe« Frische. Zitrone und Orange sind die Klassiker, dicht gefolgt von der Grapefruit. Manche Hersteller verwenden auch ganze Früchte, was dem Gin durch die Säure zu einer besonderen Eleganz verhilft.

Die »dunklen« Aromen

Sie sind die »little helpers« aller Gin-Destillateure: Botanicals wie Angelika-wurzel, Süßholz, Iris oder Kassiarinde. Sie schmecken meist nicht selbst vor, verleihen dem Gin durch ihre »dunklen«, hintergründigen Noten aber das aromatische Fundament und die nötige Tiefe – fast wie bei einem komplexen Parfüm.

Krieg im Schwarzwald eine Gin-Rezeptur entwickelt haben soll, auf dem die ihrige basiert: *Monkey 47* ist geboren und wird 2010 mit einer ersten Auflage von 2.000 Flaschen ausgeliefert. Der »Schwarzwald Dry Gin« wird rasch zum weltweiten Hit. Bereits 2011 wird der Gin bei der International Wine and Spirit Competition (IWSC) als bester Gin weltweit ausgezeichnet, die braune Apothekerflasche wird zum Symbol des Aufbruchs. Mit seinem intensiven blumig-fruchtigen Aroma steht er sinnbildlich für die *New Western Dry* genannte Kategorie von Gins, die sich aromatisch von dem geradlinigen Zitrus-Wacholder-Geschmack der klassischen London Dry Gins entfernen.

Im Zusammenspiel mit der immer stärker aufkommenden Bar-Bewegung und dem Einsetzen eines noch nie dagewesenen Gin & Tonic-Booms drängen bald die nächsten Produkte auf den Markt. In Hamburg versetzt *Stephan Garbe* seinen *Gin Sul* mit portugiesischen Botanicals, *Elephant Gin* verarbeitet afrikanische Aromen und spendet pro verkaufter Flasche einen Betrag an die namensgebenden Dickhäuter, *Windspiel Gin* wiederum basiert auf Kartoffeln aus der Eifel. Eine Vielzahl deutscher Obstbrenner erkennt die Gunst der Stunde. Schließlich rühmt sich Deutschland seiner hochklassigen Obstbrände, und für Obstbrenner ist die Herstellung eines Gins ein Leichtes. So spielen die Destillerie Lantenhammer (*Josef Bavarian Gin*), Alfred Schladerer (*Gretchen Dry Gin*) oder die Alte Hausbrennerei Penninger (*Granit Bavarian Gin*)

Die kulinarischen Statussymbole des deutschen Wirtschafts-wunders: Bier, viel derbes Fleisch, dick geschnittenes Brot – und natürlich Steinhäger.

auf dem Gin-Markt mit – und auch Schwarze & Schlichte gelingt mit *Friedrichs Dry Gin* der Brückenschlag in die Moderne.

Im Zuge dessen wiederum besinnen sich immer mehr Bars der deutschen Wurzeln des Wacholderschnapses und listen auf prominente Weise regionale Produkte, als bekanntestes Bei-spiel die *Bar am Steinplatz* in Berlin. Das Team dort ersetzte alle Gins durch Doppelwach(h)ol-der. Und auch der wiederentdeckte Genever findet häufiger den Weg in die Gläser eines neugierigen und aufgeschlossenen Publikums: denn im Sinne des Originären verwenden im-mer mehr Barleute den sogenannten »Holland Gin«, der um 1900 zu großen Mengen an der US-Ostküste importiert wurde und die dortige Cocktailkultur massiv beeinflusst hat – Genever.

Aber es ist vor allem Gin, der im Fokus steht, nicht zuletzt aufgrund des Gin & Tonic-Trends, der längst Einzug in den Privatbereich gefunden hat. Es ist eine Entwicklung, deren Ende nicht abzusehen ist; die auch bizarre Blüten treibt und Produkte als Gin ausgibt, die längst kein Gin mehr sind. So manches Produkt wird diese Gin-Flut nicht überstehen, so manches wird zum modernen Klassiker aufsteigen. Eines aber ist klar: Der Konsument kann heute auf eine Viel-zahl hochwertiger Produkte zurückgreifen, was vor wenigen Jahren undenkbar schien. Dabei den Überblick über Qualität, Geschmack, Her-kunft und Authentizität zu bewahren, wird im-mer schwieriger. Nicht zuletzt dabei soll dieses Buch helfen.

COCKTAILS

WHITE LADY

6 CL GIN
2 CL FRISCHER ZITRONENSAFT
1,5 CL ORANGENLIKÖR
½ FRISCHES EIWEISS NACH
GESCHMACK

Eine Cocktailschale vorkühlen. Die Zutaten im Shaker mischen, mit Eiswürfeln auffüllen und ca. 20 Sekunden kräftig schütteln. Ins kalte Glas abseihen.

NEGRONI

3–4 CL GIN
3 CL ROTER WERMUT
3 CL CAMPARI

Einen Tumbler komplett mit Eiswürfeln füllen. Die Zutaten hinzugeben und mit einem Barlöffel gründlich ca. 15 Sekunden kaltrühren. Mit einer Orangenzeste garnieren.

GIN BASIL SMASH

6 CL GIN
3 CL FRISCHER ZITRONENSAFT
1,5–2 CL ZUCKERSIRUP
3–4 ZWEIGE BASILIKUM

Zutaten in einen Shaker geben und den Basilikum mit einem Stößel kräftig zerdrücken. Mit Eiswürfeln auffüllen und ca. 15 Sekunden schütteln. Doppelt (also auch durch ein Teesieb) auf Eiswürfel in einen Tumbler abseihen. Mit einer Basilikumspitze garnieren.

DRY MARTINI

6 CL GIN
1–3 CL TROCKENER WERMUT
(JE MEHR, DESTO WENIGER »DRY«
IST DER FERTIGE COCKTAIL)
1 DASH ORANGE BITTERS

Eine kleine Cocktailschale vorkühlen. Die Zutaten in ein Rührglas geben und auf reichlich Eiswürfeln mind. 30 Sekunden kaltrühren. Ins kalte Glas abseihen und mit einer kleinen Zitronenzeste garnieren.

FLAVOURMAP

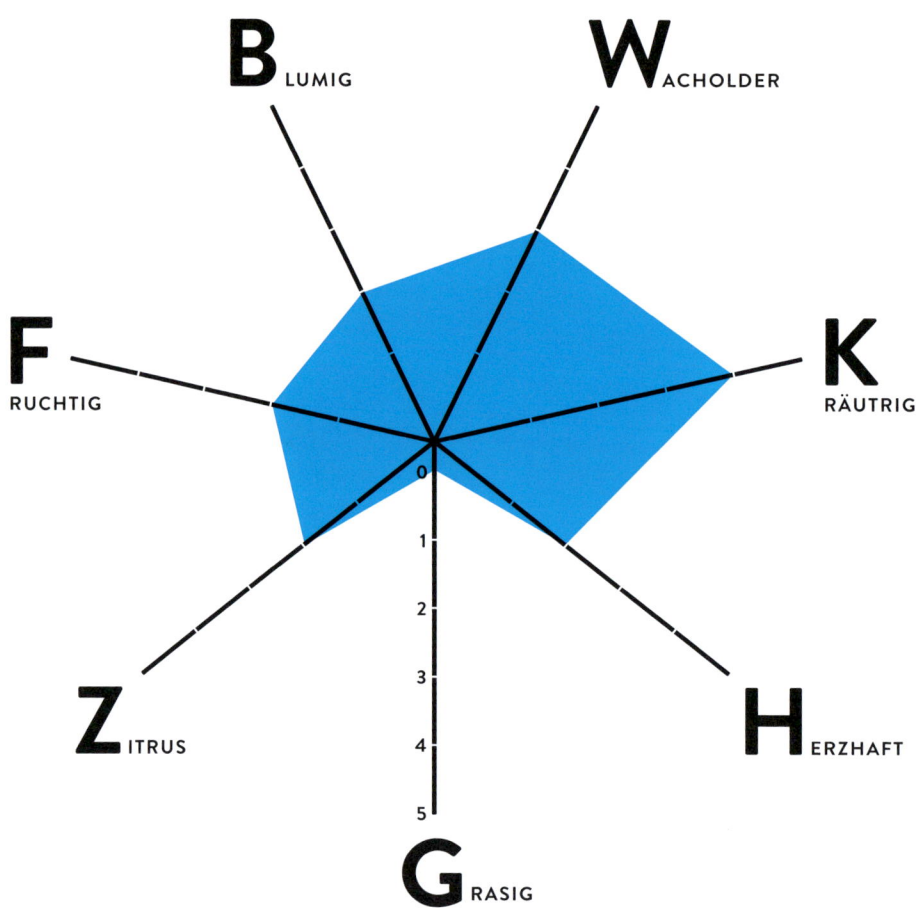

0 ~ NICHT / KAUM VORHANDEN
1 ~ MINIMAL AUSGEPRÄGT
2 ~ DEZENT VORHANDEN
3 ~ DEUTLICH PRÄSENT
4 ~ STARK AUSGEPRÄGT
5 ~ DOMINANT

Wacholder

Das Kern-Botanical aller Gins. Die kleinen violett-schwarzen Beeren (aus botanischer Sicht Zapfen) bringen je nach Sorte und Verwendung harzige, ätherische, frische oder leicht moosige Aromen in den Gin. Nach EU-Verordnung muss Wacholder im Gin schmeckbar sein!

Kräutrig

Kräuter und Blattgewürze spielen in vielen Gins eine prominente Rolle und fächern das Aromenprofil eines Gins komplex auf. Zu den gängigsten Gin-Kräutern gehören z. B. Rosmarin, Thymian oder Melisse.

Herzhaft

Kein Gin ist denkbar ohne die »tiefen« Noten, etwa von Angelika, Iris, Süßholz, Lorbeer, Pfeffer oder Paradieskörnern. Sie sind oft hintergründig eingebunden, unterstützen jedoch die komplexe Gesamtstruktur. Einige Hersteller setzen die pikanten Noten auch deutlicher in Szene.

Grasig

Nuancen von Laub und frisch geschnittenem Rasen finden sich als dezente Tupfer in vielen Gins. Sie fangen oft die schweren Würznoten und spitzen Zitrustöne auf und verhelfen einem Destillat zu mehr Leichtigkeit.

Zitrus

Aromatische Zitrusnoten sind essenzielles Merkmal klassischer Gins. Meist werden getrocknete Schalen verwendet, teils aber auch frische ganze Früchte. Übrigens: Koriandersaat, neben Wacholder die historisch zweitwichtigste Gin-Zutat, steuert ebenfalls Zitrusnoten bei.

Fruchtig

Die letzten zehn Jahre sind undenkbar ohne zahlreiche neue Fruchtnoten im Gin. Der Fantasie der Destillateure sind kaum Grenzen gesetzt. Kernobst, Beeren, Steinobst oder Ananas, alles wandert in den Gin – mal dezent, mal dominant.

Blumig

Besonders in den Gins der »New Western«-Spielart sind florale Botanicals, also Blütenblätter oder ganze Blumen, besonders populär. Zu den Favoriten zählen etwa Rose, Hibiskus oder Lavendel.

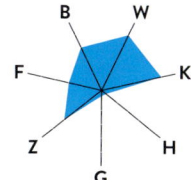

5 CONTINENTS HAMBURG DRY GIN

BUNDESLAND
SCHLESWIG-HOLSTEIN

HERSTELLER
FEINGEISTEREI

ERSCHEINUNGSJAHR
2014

ALKOHOLGEHALT
47 % VOL.

ANZAHL BOTANICALS
22

PREIS
34,95 € / 0,7 L

PASSENDES TONIC
THOMAS HENRY

PASSENDES GARNISH
ZITRONENZESTE

PASSENDER COCKTAIL
NEGRONI

LINE EXTENSIONS
SLOE GIN 5C

Vor den Toren Hamburgs, auf dem Gut Basthorst, hat der Franke Fabian Rohrwasser seine Destille errichtet. Hier brennt er verschiedene Obstbrände, die viel positive Beachtung gefunden haben. Sicher trägt die akribische und im positiven Sinne pingelige Qualitätskontrolle dazu bei. Kompromisslos wählt er nur die besten Rohstoffe und arbeitet immer von Beginn an mit der Rohware, also der unbearbeiteten Frucht. Denn nur wenn jeder Arbeitsschritt in seinen Händen liegt, kann er garantieren, dass sein Destillat seinen Qualitätskriterien entspricht. Inspiriert von der Hafenstadt hat er ein Gin-Rezept kreiert, dass Botanicals von fünf Kontinenten vereint. Wie bei vielen seiner Obstbrände verwendet Fabian Rohrwasser auch hier nur Zutaten aus biologischem Anbau.

Botanicals

Alle werden nicht verraten. Bekannt sind neben Wacholder noch Ingwer, Kardamom, Paradieskörner, Koriander, Eukalyptus, Mate, Kaktus, Lavendelblüte und Schwertlilienwurzel.

5

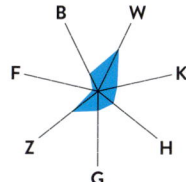

ADLER BERLIN DRY GIN

BUNDESLAND
BERLIN

HERSTELLER
PREUSSISCHE SPIRITUOSEN
MANUFAKTUR

ERSCHEINUNGSJAHR
2007

ALKOHOLGEHALT
42 % VOL.

ANZAHL BOTANICALS
14

PREIS
33,00 € / 0,7 L

PASSENDES TONIC
FEVER-TREE INDIAN TONIC

PASSENDES GARNISH
ZITRONENZESTE

PASSENDER COCKTAIL
WHITE LADY

LINE EXTENSIONS
KEINE

Die bewegte Geschichte der Preussischen Spirituosen Manufaktur geht bis in das Jahr 1874 zurück. Der Gründer Max Delbrück hat dort bereits zur Jahrhundertwende Gin destilliert. Dieser vermutlich erste erfolgreiche deutsche Gin wurde unter dem Namen Adler Gin vermarktet. Nach dem letzten Krieg war es damit aber erst einmal vorbei. 2005 übernahmen der emeritierte Professor Ulf Stahl und der Gastronom Gerald Schroff die Manufaktur. Bereits in diesem Jahr, als das Interesse an Gin in Deutschland noch vergleichsweise bescheiden war, machten sich die beiden daran, die traditionsreiche Marke Adler Gin wiederzubeleben. Max Delbrücks Grundrezeptur war noch vorhanden und wurde nur in Nuancen verändert. 2007 war der Adler Berlin Dry Gin dann wiedergeboren.

Botanicals
Wacholder, Lavendelblüte, Meisterwurzel, Ingwer, Koriander, Angelikasamen, Baldrianwurzel, Orangenblüte, Zitronenschale, Hopfendolde, Alantwurzel, Piment, Bisamkorn und Bertramwurzel.

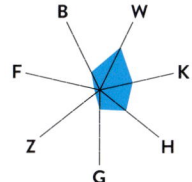

ALBFINK GIN

Eigentlich ist Hans-Gerhard Fink Landwirt und bewirtschaftet einen 400-Hektar-Betrieb auf der Schwäbischen Alb. Dass er inzwischen auch Spirituosen brennt, hat sich eher durch einen Zufall so ergeben. Durch Heirat kam er zu einer kleinen Obstbrennerei. Was als reines Hobby begann, wurde bald zur zweiten Profession. So kamen zu den traditionellen Obstbränden nach und nach weitere Spirituosen – zunächst ein Whisky, aber schon bald auch Rum, Wodka und eben Gin. Die Destille wurde in den Jahren 2011/12 mit großem Aufwand erweitert, und es wurde die größte deutsche Pot Still installiert.

Botanicals
Zu den verwendeten Gewürzen und Botanicals macht der Hersteller leider keinerlei Angaben.

BUNDESLAND
BADEN-WÜRTTEMBERG

HERSTELLER
HANS-GERHARD FINK

ERSCHEINUNGSJAHR
2014

ALKOHOLGEHALT
40 % VOL.

ANZAHL BOTANICALS
NICHT BEKANNT

PREIS
29,00 € / 0,5 L

PASSENDES TONIC
FEVER TREE INDIAN TONIC

PASSENDES GARNISH
ORANGENZESTE

PASSENDER COCKTAIL
DRY MARTINI

LINE EXTENSIONS
ALBFINK SLOE GIN
ALBFINK AGED GIN
ALBFINK MASTER'S CUT GIN

A

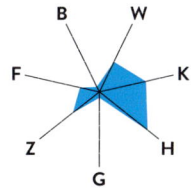

AMATO GIN

Mit diesem Gin hat ein Bartender seine ganz persönliche Vorstellung von einem Gin verwirklicht: Gianfranco Amato, Betreiber der Wiesbadener Bar Manoamano, ist der Kopf hinter diesem mediterranen Gin. In Rückbesinnung auf seine italienischen Wurzeln war Gianfrancos Ziel, ein Destillat zu kreieren, das mediterranes Aroma verströmt, dabei aber mit einer zurückhaltenden Wacholdernote auskommt. Hergestellt wird sein Gin in der Destille Kaltenthaler in Westhofen bei Worms, einer Brennerei, die nicht zuletzt durch ihren Revolte Rum in jüngerer Vergangenheit viel Aufmerksamkeit erhalten hat.

Botanicals
Nicht alle der zehn Botanicals gibt Gianfranco Amato preis, bekannt sind jedoch Wacholder, Koriander, Gurke, Tomate, Aprikose, Quitte und Thymian.

BUNDESLAND
HESSEN

HERSTELLER
GIANFRANCO AMATO

ERSCHEINUNGSJAHR
2014

ALKOHOLGEHALT
43,7 % VOL.

ANZAHL BOTANICALS
10

PREIS
29,00 € / 0,5 L

PASSENDES TONIC
FEVER-TREE
MEDITERRANEAN TONIC

PASSENDES GARNISH
ZITRONENZESTE

PASSENDER COCKTAIL
GIN BASIL SMASH

LINE EXTENSIONS
KEINE

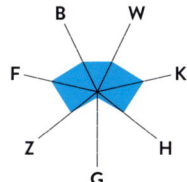

APPLAUS STUTTGART DRY GIN

BUNDESLAND
BADEN-WÜRTTEMBERG

HERSTELLER
DULAY-WINKLER, HAMMER,
BÜTTNER, FREY GBR

ERSCHEINUNGSJAHR
2015

ALKOHOLGEHALT
43 % VOL.

ANZAHL BOTANICALS
24

PREIS
34,50 € / 0,5 L

PASSENDES TONIC
SCHWEPPES DRY TONIC

PASSENDES GARNISH
ORANGENZESTE

PASSENDER COCKTAIL
WHITE LADY

LINE EXTENSIONS
APPLAUS DRY GIN GOLDMARIE
DISTILLER'S CUT
APPLAUS DRY GIN ROY EDITION
APPLAUS DRY GIN SUEDMARIE

Der Applaus Gin aus Stuttgart spielt mit dem Thema Zirkus. Im Namen, auf dem Etikett und auch im Abreißbillett am Flaschenhals. Stefan Büttner, Daniel Hammer und Frederik Dulay-Winkler kamen eher nebenbei auf die Idee, einen Gin zu machen. Büttner veranstaltet seit Jahren eine Selbstständigen-Weihnachtsfeier, weil es so schade sei, dass nur Festangestellte in den Genuss einer Weihnachtsparty kommen. Bei einer dieser Feiern wurde beschlossen, ein schönes Geschenk für die Kunden zu produzieren. Erst sollte dies ein Olivenöl sein, am Ende schien ein Gin aber die bessere Alternative. Gebrannt wird der erste Stuttgarter Gin bei der Brennerei Dr. Dr. Hans-Otto Frey in Wolfschlugen südlich von Stuttgart, und Frey ist als Vierter im Bunde auch an der GbR beteiligt.

Botanicals

Zu den 24 ausgewählten Botanicals des Applaus Dry Gins zählen unter anderem Wacholder, Thymian, Rosmarin, Muskatnuss, Koriander, Ingwer, Zimt und Blutorange.

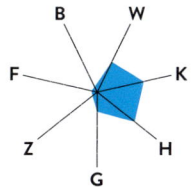

AUGUST GIN

BUNDESLAND
BAYERN

HERSTELLER
SPIN & GIN GMBH

ERSCHEINUNGSJAHR
2016

ALKOHOLGEHALT
43 % VOL.

ANZAHL BOTANICALS
9

PREIS
29,95 € / 0,7 L

PASSENDES TONIC
THOMAS HENRY

PASSENDES GARNISH
ZITRONENZESTE

PASSENDER COCKTAIL
NEGRONI

LINE EXTENSIONS
AUGUST GIN TRIUM
AUGUST GIN BIMUS
AUGUST GIN FCA SONDEREDITION
AUGUST GIN NAVY STRENGTH

Der August Gin hat es mit dem Lateinischen. Seinen Namen entlehnt er natürlich seiner Heimatstadt Augsburg und deren Gründer, denn Augsburg wurde im Jahre 15 v. Chr. von keinem Geringeren als dem römischen Kaiser Augustus gegründet. Das aufsehenerregendste Botanical sind hier sicher die Späne der Zirbelkiefer. Gebrannt wird der August Gin in der Brennerei Salzgeber in Babenhausen. Den Flaschenhals des Gins zieren übrigens die Worte *Nunc est bibendum* – »Nun lasst uns trinken«. Ein hervorragendes Motto für einen Gin.

Botanicals

Wacholder, Schlehe, Koriander, Angelika, Zimt, Orangenschale, Kardamom, Muskat und Zirbelkiefer.

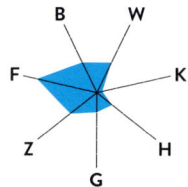

B MY GIN

BUNDESLAND
BADEN-WÜRTTEMBERG

HERSTELLER
IL BOCCONE
GASTSTÄTTENBETRIEBS GMBH

ERSCHEINUNGSJAHR
2016

ALKOHOLGEHALT
42 % VOL.

ANZAHL BOTANICALS
7

PREIS
39,90 € / 0,5 L

PASSENDES TONIC
FEVER-TREE INDIAN TONIC

PASSENDES GARNISH
ZITRONENZESTE

PASSENDER COCKTAIL
GIN BASIL SMASH

LINE EXTENSIONS
KEINE

Das Etikett verrät es: B my Gin kommt vom Bodensee. In der Region gibt es nicht nur unzählige Apfelbäume und Streuobstwiesen, sondern hier liegt auch die Insel Mainau, die Blumeninsel im Bodensee. So finden sich in diesem Gin als Verweise an seine Herkunftsregion Botanicals wie Äpfel, Rosen, Veilchen, Lavendel und als Anspielung an die Nähe zu Italien sizilianische Zitronen. Der Ursprung des B my Gin liegt im Restaurant il Boccone in Konstanz, und die treibende Kraft ist der dortige Barchef Patrick Braun, der einen Gin machen wollte, der ihn an seine Heimat am Bodensee erinnert.

Botanicals

Wacholder, Apfel, Zitrone, Kardamom, Lavendel, Veilchen und Rosenblätter.

B

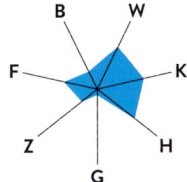

BALTIC DRY GIN

Die Basis für den Baltic Dry Gin bilden Wacholderbeeren aus den sandigen Küstenregionen der Ostsee. Zusammen mit über zwanzig weiteren Botanicals destilliert Thomas Neubert, der übrigens auch den Gin 206 brennt, in der Gutsbrennerei Schloss Zinzow daraus den Baltic Dry Gin. Die Brennerei wurde 2006 in dem markanten Wirtschaftsgebäude der Gutsanlage eröffnet; dessen Silhouette ist als kleine Zeichnung auch auf der Flasche zu sehen. Auffällig ist natürlich vor allem die hohe, schlanke schwarze Keramikflasche selbst, die auf dem deutschen Gin-Markt wohl nur in Zinzow Verwendung findet und so ein tolles Erkennungsmerkmal für den Baltic Dry Gin darstellt.

Botanicals

Leider verrät Thomas Neubert nicht, welche Botanicals er verwendet. Sogar die Anzahl ist unklar, sodass man lediglich von mehr als 20 Gewürzen sprechen kann.

BUNDESLAND
MECKLENBURG-VORPOMMERN

HERSTELLER
GUTSBRENNEREI SCHLOSS
ZINZOW GMBH & CO. KG

ERSCHEINUNGSJAHR
2013

ALKOHOLGEHALT
44 % VOL.

ANZAHL BOTANICALS
MEHR ALS 20

PREIS
28,00 € / 0,5 L

PASSENDES TONIC
FEVER TREE INDIAN TONIC

PASSENDES GARNISH
ZITRONENZESTE

PASSENDER COCKTAIL
NEGRONI

LINE EXTENSIONS
KEINE

B

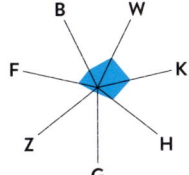

BERLINER BRANDSTIFTER BERLIN DRY GIN

Startschuss für den Berliner Brandstifter Gin war der erfolgreiche Abschluss einer Crowdfunding-Kampagne im Jahr 2013. Dabei wurde mit 9.999 Euro ein vergleichsweise geringer Betrag angepeilt, der für die Errichtung einer eigenen Destille bei Weitem nicht ausgereicht hätte. Tatsächlich wurden dann 12.920 Euro erzielt, und mehr war auch gar nicht notwendig, da der Berliner Brandstifter in der Berliner Brennerei Schilkin hergestellt wird, die Errichtung einer eigenen Destillerie war gar nicht geplant. Wichtigstes Botanical im Berliner Brandstifter ist Waldmeister, den aufgrund seiner Verwendung in der Berliner Weißen viele Menschen mit Berlin verbinden. Ein Teil der Botanicals wird im Berliner Umland von Hand gepflückt.

Botanicals
Wacholder, Holunderblüte, Malvenblüte, Waldmeister und Gurke.

BUNDESLAND
BERLIN

HERSTELLER
BERLINER BRANDSTIFTER GMBH

ERSCHEINUNGSJAHR
2013

ALKOHOLGEHALT
43,3 % VOL.

ANZAHL BOTANICALS
5

PREIS
36,90 € / 0,7 L

PASSENDES TONIC
GOLDBERG TONIC WATER

PASSENDES GARNISH
ORANGENZESTE

PASSENDER COCKTAIL
WHITE LADY

LINE EXTENSIONS
KEINE

B

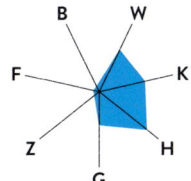

BOAR PREMIUM DRY GIN

BUNDESLAND
BADEN-WÜRTTEMBERG

HERSTELLER
BOAR DISTILLERY GBR

ERSCHEINUNGSJAHR
2016

ALKOHOLGEHALT
43 % VOL.

ANZAHL BOTANICALS
19

PREIS
35,90 € / 0,5 L

PASSENDES TONIC
FENTIMANS

PASSENDES GARNISH
LIMETTENZESTE

PASSENDER COCKTAIL
NEGRONI

LINE EXTENSIONS
BOAR BLACK KEILER STRENGTH
BOAR ROYAL (FASSGELAGERT)

Die Gin-Liebhaber Markus Kessler, Hannes Schmidt und Torsten Boschert hatten sich bereits 2014 zusammengetan, um ihren eigenen Gin zu kreieren. Wirklich Ahnung von der Spirituosenherstellung hatte zu diesem Zeitpunkt nur Markus Kessler, der in Bad Peterstal in der fünften Generation eine Brennerei betreibt. Das Ergebnis nach monatelangen Versuchen war ein sehr guter Gin, dem aber noch das gewisse Etwas fehlte, um sich von anderen Gins abzuheben. Letztlich wurde eine Schlüsselzutat, die dem BOAR (engl. für »Eber« – das Etikett ziert der Kopf eben dieses Tieres) dieses Etwas verleihen sollte, gefunden: der Burgundertrüffel oder auch Sommertrüffel, der im Schwarzwald in freier Natur zu finden sein soll, inzwischen aber auch kultiviert wird.

Botanicals
Nicht alle sind bekannt, aber recht viele: Wacholder, Lavendel, Thymian, Zitrone, Süßholz, Piment, Rosmarin, Rosenblätter, Paradieskörner, Goldmelisse, Gewürznelke und Schwarzwälder Trüffel.

B

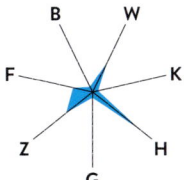

BOTTLE POST GIN

Im Jahr 2014 gründeten drei Studienfreunde in ihrem WG-Wohnzimmer ein Getränke-Start-up, damals noch unter dem Namen Weissbrand Distilling Company mit einem Weissbrand, einem Hybrid aus Gin und Weinbrand. Inzwischen finden sich weitere Produkte, darunter vier Weine, im Portfolio. Die Jungs sind also recht umtriebig. Mittlerweile haben sie ihre Company in Craft Circus umbenannt und bringen auch einen Gin auf den Markt. Die Flaschen tragen unterschiedliche Sinnsprüche auf den Etiketten – Bottle Posts eben.

Botanicals
Die Gründer halten sich recht bedeckt. Lediglich Wacholder, Zitrone und Brombeere werden als Hauptnoten angegeben. Welches Botanical den herzhaften Ausschlag in unserer Flavourmap verantwortet, lässt sich somit nicht mit Bestimmtheit sagen.

BUNDESLAND
HAMBURG

HERSTELLER
CRAFT CIRCUS GMBH

ERSCHEINUNGSJAHR
2017

ALKOHOLGEHALT
41 % VOL.

ANZAHL BOTANICALS
NICHT BEKANNT

PREIS
29,95 € / 0,5 L

PASSENDES TONIC
THOMAS HENRY

PASSENDES GARNISH
ORANGENZESTE

PASSENDER COCKTAIL
GIN BASIL SMASH

LINE EXTENSIONS
KEINE

B

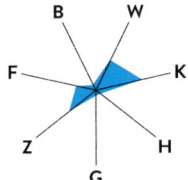

BREAKS FÄCHERSTADT DRY GIN

BUNDESLAND
BADEN-WÜRTTEMBERG

HERSTELLER
BREAKS SPIRITUOSEN
GMBH & CO. KG

ERSCHEINUNGSJAHR
2015

ALKOHOLGEHALT
42 % VOL.

ANZAHL BOTANICALS
15

PREIS
34,95 € / 0,5 L

PASSENDES TONIC
THOMAS HENRY

PASSENDES GARNISH
ZITRONENZESTE

PASSENDER COCKTAIL
DRY MARTINI

LINE EXTENSIONS
BREAKS RESERVE DRY GIN
(FASSGEREIFT)
BUTCHERS BREAKS 25 GIN
ROSE BERRY BREAKS GIN
CANNABIS BREAKS GIN
KUNSTEDITIONEN

Das Schnapsbrennen hat Tradition in der Familie von Harald Reinholz. Schon der Großvater war ein leidenschaftlicher Schnapsbrenner, und als kleiner Junge schaute Harald ihm oft beim Destillieren zu. Trotzdem dauerte es noch bis zum Jahr 2014, bis er begann, eine eigene Rezeptur zu entwickeln, und dann nach einjähriger Entwicklungsphase den Breaks Gin auf den Markt brachte. Der Untertitel »Fächerstadt Gin« gibt einen Hinweis auf die Heimatstadt des Gins, nämlich Karlsruhe. Der Name »Breaks« stammt übrigens von Harald Reinholz' altem Plattenladen gleichen Namens und hat mit Gin eigentlich gar nichts zu tun.

Botanicals
Immerhin zwölf der 15 Botanicals sind bekannt: Wacholder, Koriander, Kardamom, Kubebenpfeffer, Lavendel, Orangenblüte, Zitronenschale, Süßholz, Kamille, Fenchel, Lerchennadel und Zimtblüte.

B

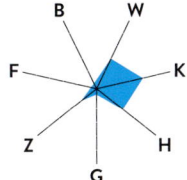

BRICK GIN

Die Köpfe hinter Brick sind in der Spirituosen-branche keine Unbekannten: Sascha Hagemann und Benjamin Trommler sind bereits seit 2009 mit ihrer Vodka-Marke Partisan im Geschäft. Das Motto ihres Folgeprojektes, des Brick Gins, lautet: »Auf das Wesentliche reduziert«. Das betrifft sowohl die Flasche und das Etikett, die in der Tat sehr puristisch daherkommen, als auch den Gin selbst. Nur drei Botanicals – Wacholder, Zitrone und Kubebenpfeffer – finden bei der Herstellung des Brick Gins Verwendung. Diese haben jedoch, wie auch der verwendete Neutralalkohol, Bioqualität. Weitere Angaben, z. B. zum Ort der Herstellung ihres Gins, machen die beiden aber nicht.

Botanicals
Wacholder, Zitrone und Kubebenpfeffer.

BUNDESLAND
THÜRINGEN

HERSTELLER
BRICK GMBH

ERSCHEINUNGSJAHR
2016

ALKOHOLGEHALT
40 % VOL.

ANZAHL BOTANICALS
3

PREIS
20,50 € / 0,5 L

PASSENDES TONIC
THOMAS HENRY

PASSENDES GARNISH
ZITRONENZESTE

PASSENDER COCKTAIL
GIN BASIL SMASH

LINE EXTENSIONS
KEINE

B

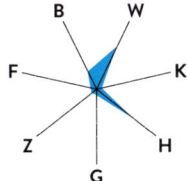

BRYK GIN

BUNDESLAND
BERLIN

HERSTELLER
BRYK BAR C. SCHRÖDER

ERSCHEINUNGSJAHR
2014

ALKOHOLGEHALT
45 % VOL.

ANZAHL BOTANICALS
4

PREIS
34,99 € / 0,7 L

PASSENDES TONIC
SCHWEPPES DRY TONIC

PASSENDES GARNISH
ORANGENZESTE

PASSENDER COCKTAIL
DRY MARTINI

LINE EXTENSIONS
KEINE

Die Bryk Bar ist eine Cocktailbar in Berlin-Prenzlauer Berg, und das Rezept für den Bryk Gin stammt von den beiden Gründern dieser Bar. Sozusagen von zwei Fachleuten also, die ihre Vorstellung vom idealen Gin für ihre Bar umsetzen wollten. Der Gin kommt in einer vergleichsweise schlichten Steingutflasche daher – und auch das ist ein Hinweis auf die Praxisexpertise der Macher: Warum den Gin unnötig dem Tageslicht aussetzen? Destilliert wird der Bryk Gin in einer kleinen Destillerie westlich von Berlin in Brandenburg. Glücklicherweise wird der Bryk Gin nicht exklusiv für die Bar hergestellt, sondern ist auch für den Konsumenten im Handel erhältlich.

Botanicals
Wacholder, Kerbel, Löwenzahn und Lavendel.

B

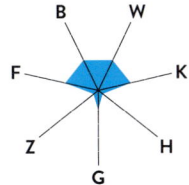

BURGEN GIN

BUNDESLAND
HESSEN

HERSTELLER
BURGEN-DRINKS
VERTRIEBS GMBH

ERSCHEINUNGSJAHR
2017

ALKOHOLGEHALT
45 % VOL.

ANZAHL BOTANICALS
NICHT BEKANNT

PREIS
39,95 € / 0,5 L

PASSENDES TONIC
SCHWEPPES DRY TONIC

PASSENDES GARNISH
ORANGENZESTE

PASSENDER COCKTAIL
WHITE LADY

LINE EXTENSIONS
BURGEN GIN DISTILLER'S CUT

Der Burgen Gin wird in einer der ältesten Brennereien der Welt destilliert: in der Schlitzer Korn- und Edelobstbrennerei, die schon 1585 gegründet wurde. Der Betrieb gehörte einst den Grafen von Schlitz und wurde 1969 vom Land Hessen übernommen. 2006 wurde er mehrheitlich an die Stadt Schlitz verkauft, womit er sich immer noch im öffentlich-rechtlichen Besitz befindet. Für die Herstellung des Burgen Gins kommt eine sehr aufwendige und daher nicht häufig angewandte Destillationstechnik zum Einsatz: die Vakuum-Destillation. Durch den erniedrigten Druck verringert sich die Siedetemperatur von Flüssigkeiten. Mithilfe dieser Destillationsart sollen Aromen geschont und so besser in das Destillat übertragen werden.

Botanicals
Zu Art und Anzahl der Botanicals werden leider keine weiteren Angaben gemacht.

B

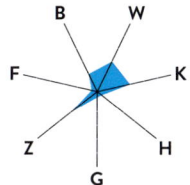

CLOCKERS GIN

BUNDESLAND
HAMBURG

HERSTELLER
CLOCKERS GMBH

ERSCHEINUNGSJAHR
2014

ALKOHOLGEHALT
44 % VOL.

ANZAHL BOTANICALS
12

PREIS
29,90 € / 0,5 L

PASSENDES TONIC
THOMAS HENRY

PASSENDES GARNISH
ZITRONENZESTE

PASSENDER COCKTAIL
NEGRONI

LINE EXTENSIONS
CLOCKERS 3-A-GIN

Der clockers Gin kommt aus der gleichnamigen Bar in Hamburg-St. Pauli. Erst vor Kurzem hat das umtriebige clockers-Team zudem eine Destille in Hamburg-Altona gebaut, wo nun der hauseigene Gin gebrannt wird. Mit der Destille aber nicht genug – sinnhafter Weise schloss man dieser Unternehmung noch ein Café und eine weitere Cocktailbar an und nannte das ganze Unterfangen passend Drilling. Die Destille im hinteren Bereich des Drillings ist Hamburgs erste Verschlussbrennerei seit 1980. Es ist außerdem geplant, auf dem teuren und aufwendigen Destillationsapparat auch andere Spirituosen als Gin herzustellen.

Botanicals
Welche Botanicals für clockers Gin verwendet werden, ist nicht bekannt.

C

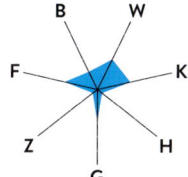

B   W

F   K

Z   H

G

CUCUMBERLAND HANNOVER DRY GIN

BUNDESLAND
NIEDERSACHSEN

HERSTELLER
MOBAJA GBR

ERSCHEINUNGSJAHR
2015

ALKOHOLGEHALT
43 % VOL.

ANZAHL BOTANICALS
27

PREIS
32,95 € / 0,5 L

PASSENDES TONIC
FEVER-TREE INDIAN TONIC

PASSENDES GARNISH
GURKE

PASSENDER COCKTAIL
GIN BASIL SMASH

LINE EXTENSIONS
CUCUMBERLAND
HANNOVER SLOE GIN
CUCUMBERLAND
FINE GIN CORDIAL

Die Geschichte des Cucumberland Hannover Dry Gins ist die dreier Autodidakten, die eines Abends einen Gin & Tonic genossen und darüber auf die Idee kamen, selbst einen Gin zu destillieren. Dass dies gar nicht so leicht getan wie gesagt ist, merkten die Freunde zwar sehr bald, ließen sich aber nicht von ihrem Vorhaben abbringen und tüftelten fast fünf Jahre an ihrer Rezeptur. Der Name des Gins ist eine Anspielung auf die englischen Könige, die dem hannoverschen Königshaus entstammten und von denen einige den Titel »Duke of Cumberland« trugen.

Botanicals
Hier halten sich die Macher sehr bedeckt. Von 27 Botanicals sind gerade mal drei bekannt. Neben dem obligatorischen Wacholder sind dies Holunderblüten und Fichtensprossen aus der Region.

C

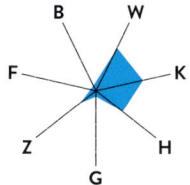

DACTARI GIN

BUNDESLAND
BAYERN

HERSTELLER
DAC | DESIGN AM CHIEMSEE

ERSCHEINUNGSJAHR
2013

ALKOHOLGEHALT
44 % VOL.

ANZAHL BOTANICALS
NICHT BEKANNT

PREIS
30,00 € / 0,5 L

PASSENDES TONIC
THOMAS HENRY

PASSENDES GARNISH
ORANGENZESTE

PASSENDER COCKTAIL
NEGRONI

LINE EXTENSIONS
KEINE

Für den Dactari zeichnet eine Firma vom Chiemsee zuständig, deren Portfolio bisher von Feinkostprodukten wie Gewürzen und Ölen über Non-Food-Produkte bis zu Spirituosen reichte – immer unter dem Motto »Fine Nature Products«. Das Jahr 2018 scheint für Dactari ein Jahr des Umbruchs zu sein: Man ist eine Kooperation mit der Destillerie Deheck in Rheinland-Pfalz eingegangen, die zukünftig für die Herstellung, die Logistik und die Präsentation der Marke auf Messen verantwortlich sein wird. Und die Rezeptur des Gins wurde in diesem Zuge auch gleich verändert.

Botanicals
Da die Rezeptur verändert wurde, sind bisherige Verlautbarungen obsolet. Informationen zur aktuellen Rezeptur waren nicht zu erhalten.

D

DER
Siedler
JAHRGANGSGIN
Edition
GERMANY

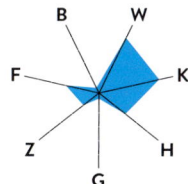

DER SIEDLER JAHRGANGSGIN

BUNDESLAND
BRANDENBURG

HERSTELLER
PRIVATBRENNEREI
GÜNTER SCHULTZ

ERSCHEINUNGSJAHR
2012

ALKOHOLGEHALT
47 % VOL.

ANZAHL BOTANICALS
18

PREIS
32,00 € / 0,5 L

PASSENDES TONIC
FEVER-TREE INDIAN TONIC

PASSENDES GARNISH
LIMETTENZESTE

PASSENDER COCKTAIL
DRY MARTINI

LINE EXTENSIONS
DER SIEDLER BLACK CHERRY

Auf Schultzens Siedlerhof in Werder an der Havel wird das selbst angebaute Obst nicht nur zu Obstwein verarbeitet, sondern seit 2004 auch destilliert. Die Obstbrände der Familie Schultz haben seither schon so manchen Preis gewonnen. Seit 2008 destilliert der Sohn der Familie, Michael Schultz, auch einen Whisky, den er unter dem Markennamen Glina vertreibt, seit 2012 außerdem einen Gin. Im Der Siedler Jahrgangsgin werden viele selbst angebaute Botanicals verwendet. Da sich deren Qualität und damit auch ihre Verwendbarkeit von Jahr zu Jahr ändern kann, wird der Siedler Gin als Jahrgangsgin auf den Markt gebracht.

Botanicals
Da sich die Rezeptur von Jahr zu Jahr ändern kann, sind nur drei Konstanten bekannt, nämlich Wacholder, Zitrone und Orangenschale.

D

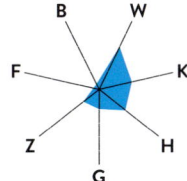

EDELSTAHL DRY GIN

Die Märkische Spezialitätenbrennerei in Hagen wurde 2010 gegründet und befindet sich in einer ehemaligen Schmiede. Der Markenname Edelstahl, den der Gin und noch eine ganze Reihe andere Produkte des Hauses tragen, nimmt Bezug auf diese Herkunft. Klaus Wurm, der Gründer der Brennerei, und sein Destillateur Jonathan Heggemann sind auch für sehr gute Whiskys bekannt – spätestens seit Jim Murray, ein Whisky-Experte, einem Destillat des Hauses 94,5 von 100 möglichen Punkten verlieh, womit es zu den besten zehn Prozent der Welt gehört. In der Märkischen Spezialitätenbrennerei wird im Lohnbrand auch der Woodland Sauerland Gin hergestellt.

Botanicals

Bekannt sind Wacholder, Kardamom, Koriander, Zitronen- und Orangenschale, Iriswurzel, Veilchen, Fenchel und Schlehe.

BUNDESLAND
NORDRHEIN-WESTFALEN

HERSTELLER
MÄRKISCHE SPEZIALITÄTEN-BRENNEREI KG

ERSCHEINUNGSJAHR
2014

ALKOHOLGEHALT
44,6 % VOL.

ANZAHL BOTANICALS
20

PREIS
39,90 € / 0,7 L

PASSENDES TONIC
GOLDBERG TONIC WATER

PASSENDES GARNISH
ORANGENZESTE

PASSENDER COCKTAIL
DRY MARTINI

LINE EXTENSIONS
KEINE

E

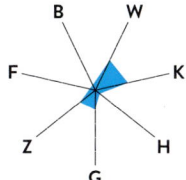

ELEPHANT LONDON DRY GIN

Der Name ist Programm – Elephant Gin unterstützt die Big Life Foundation und die Space for Elephants Foundation mit 15 % des Gewinns. Jeder Batch wird nach einem Elefanten aus diesen Programmen benannt, die es sich zur Aufgabe gemacht haben, die Elefanten im Grenzgebiet zwischen Kenia und Tansania vor Wilderern zu schützen. Ende 2013 beschlossen Robin und Tessa Gerlach an ihrem damaligen Wohnort London, einen eigenen Gin zu produzieren, um auf die Arbeit der Foundations aufmerksam zu machen. Für die Quereinsteiger habe dies viel Bücherlesen und Learning by Doing bedeutet. Einige Londoner Bartender unterstützten die beiden Gründer.

Botanicals

Wacholder, Apfel, Ingwer, Orangenschale, Holunderblüte, Piment, Zimtkassie, Lavendel und Latschenkiefer, aber auch exotische, afrikanische Botanicals wie Teufelskralle, Buchu, Lion's Tail, Afrikanischer Wermut und die Früchte des Affenbrotbaums (Baobab).

BUNDESLAND
MECKLENBURG-VORPOMMERN

HERSTELLER
ELEPHANT GIN GMBH

ERSCHEINUNGSJAHR
2013

ALKOHOLGEHALT
45 % VOL.

ANZAHL BOTANICALS
14

PREIS
34,90 € / 0,5 L

PASSENDES TONIC
FEVER-TREE INDIAN TONIC

PASSENDES GARNISH
ORANGENZESTE

PASSENDER COCKTAIL
WHITE LADY

LINE EXTENSIONS
ELEPHANT SLOE GIN
ELEPHANT STRENGTH (57 % VOL.),
IM BILD

E

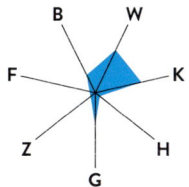

ELIXIER GIN

BUNDESLAND
BERLIN

HERSTELLER
FREIE GEISTER BERLIN

ERSCHEINUNGSJAHR
2015

ALKOHOLGEHALT
40 % VOL.

ANZAHL BOTANICALS
15

PREIS
33,00 € / 0,5 L

PASSENDES TONIC
FEVER-TREE INDIAN TONIC

PASSENDES GARNISH
ZITRONENZESTE

PASSENDER COCKTAIL
WHITE LADY

LINE EXTENSIONS
KEINE

»Wir haben ein Herz für Originale, Unikate und schräge Vögel. Wir mögen laute Musik am Morgen und kühle Drinks am Abend. Bei uns läuft nicht alles immer so rund, wie wir gerne hätten, aber auch das ist gut so.« So die Einleitung auf der Website des Elixier Gins, der eine Hommage an Kindheitserinnerungen sein soll – Zirkus und Waldmeister. Der Zirkus findet sich auf der Flasche, der Waldmeister im Destillat. Die Idee hatte Fabienne Lange, eine rastlose Berufsquerschlägerin, wie sie selber sagt. Brennen lässt sie den Gin bei einem nicht weiter benannten, aber erfahrenen Brenner im Fichtelgebirge.

Botanicals
Hier hält man sich recht bedeckt. Lediglich Wacholder, Waldmeister und Brombeere werden als Hauptzutaten angegeben.

E

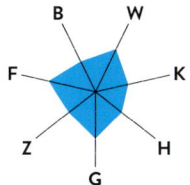

FEEL! MUNICH DRY GIN

Nach einem Wiesn-Besuch hatte Korbinian Achternbusch sich in den Kopf gesetzt, einen eigenen Gin zu destillieren, und er ging direkt volles Risiko – für die Anschaffung des ersten Destillationsapparates verkaufte er sein Auto. Er legt viel Wert auf Rohstoffe aus nachhaltigem und biologischem Anbau. Die Basis des Feel! Gins ist hochwertiger Bio-Agraralkohol, alle Botanicals stammen nach eigenen Angaben aus kontrolliertem Anbau, drei Viertel kommen direkt aus der Region. Und Achternbusch legt zudem Wert auf Handarbeit und die Sicherstellung einer gleichbleibenden Qualität – alle Produktionsprozesse führt er selber aus.

Botanicals
Neben dem obligatorischen Wacholder werden auch Koriander, Limette, Lavendel, Blaubeere und Aroniabeere verarbeitet. Mehr verrät Achternbusch nicht, aber alle Botanicals haben Bioqualität.

BUNDESLAND
BAYERN

HERSTELLER
ACHTERNBUSCH
DESTILLERIE GMBH

ERSCHEINUNGSJAHR
2012

ALKOHOLGEHALT
47 % VOL.

ANZAHL BOTANICALS
17

PREIS
36,90 € / 0,5 L

PASSENDES TONIC
FEVER-TREE INDIAN TONIC

PASSENDES GARNISH
LIMETTENZESTE

PASSENDER COCKTAIL
WHITE LADY

LINE EXTENSIONS
FEEL! GIN LIMITED
BLACK EDITION

F

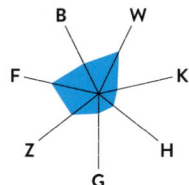

FEINER KAPPLER GIN

Eine schlichte, aber edle Aufmachung zeichnet die Flasche des Feinen Kappler Gins aus. Das blaue Filzfähnchen am Flaschenhals zieht die Aufmerksamkeit auf sich, ist der sogenannte Eyecatcher, soll aber tatsächlich ein Zeichen der besonderen Wertschätzung für ein spezielles Botanical sein: die Gemeine Wegwarte oder auch Zichorie. Das Blau des Filzfähnchens kommt dem Blau der Zichorienblüten nahe. Die Brennerei von Axel Baßler steht in dem kleinen Örtchen Kappelrodeck im badischen Achertal, von den einheimischen liebevoll Kappel genannt – so erschließt sich nun auch, woher der Name des Gins wohl kommen könnte.

Botanicals
Bekannt sind Wacholder, Koriander, Angelika-wurzel, Hibiskus- und Holunderblüte, Lavendel, Zichorie, Kaffirlimette sowie deren Blätter.

BUNDESLAND
BADEN-WÜRTTEMBERG

HERSTELLER
AXEL BASSLER

ERSCHEINUNGSJAHR
2016

ALKOHOLGEHALT
44 % VOL.

ANZAHL BOTANICALS
13

PREIS
28,90 € / 0,5 L

PASSENDES TONIC
FEVER-TREE
MEDITERRANEAN TONIC

PASSENDES GARNISH
LIMETTENZESTE

PASSENDER COCKTAIL
DRY MARTINI

LINE EXTENSIONS
KEINE

F

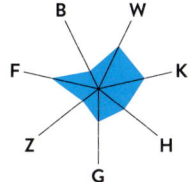

FERDINAND'S SAAR DRY GIN

BUNDESLAND
SAARLAND

HERSTELLER
CAPULET & MONTAGUE LTD.

ERSCHEINUNGSJAHR
2013

ALKOHOLGEHALT
44 % VOL.

ANZAHL BOTANICALS
MEHR ALS 30

PREIS
34,90 € / 0,5 L

PASSENDES TONIC
FEVER-TREE INDIAN TONIC

PASSENDES GARNISH
ZITRONENZESTE

PASSENDER COCKTAIL
WHITE LADY

LINE EXTENSIONS
FERDINAND'S SAAR QUINCE
FERDINAND'S GOLDCAP
FERDINAND'S CASK STRENGTH

Das Besondere am Ferdinand's Saar Dry Gin ist die Riesling-Infusion. Dieses Verfahren als solches ist schon eine Besonderheit, aber zudem steht auf dem Rücken einer jeden Flasche Ferdinand's Gin auch noch, welche Spätlese von der großen Lage Saarburger Rausch des Weinguts Forstmeister Geltz Zilliken im Gin verwendet wurde. Die genaue Anzahl der Botanicals bleibt ein Geheimnis des Destillateurs Andreas Vallendar, in dessen Avadis Distillery der Ferdinand's Gin gebrannt wird. Nur so viel wird verraten: Es sind über 30, und teilweise stammen sie sogar aus eigenem Anbau.

Botanicals

Wacholder, Schlehe, Hagebutte, Angelika, Hopfenblüte, Weinrose, Lavendel, Rosa canina, Quitte, Zitronenthymian, Mandelschale, Koriander, Ingwer, Rubinette-Apfel, Roter Weinbergpfirsich, Zimt, Fenchel, Zitrone, Bergamotte und noch einige mehr.

F

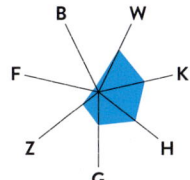

FIELDFARE DIEMEL DRY GIN

Die Wacholderdrossel (engl. *fieldfare*) ist Namensgeber und Symbol des Fieldfare Diemel Dry Gins. Die Diemel wiederum ist ein Nebenfluss der Weser, der durch die Region in Nordhessen fließt, aus der der Gin stammt. Regionalität ist den Menschen hinter dem Fieldfare Gin wichtig: Etwa 35 Prozent der Botanicals stammen aus der Region. Andere kommen von weiter her, wie die Wakame-Alge, eine Braunalgenart, die inzwischen nicht mehr ganz aus Asien zu uns kommen muss, sondern im Atlantik kommerziell gezüchtet wird.

Botanicals

Bekannt sind Wacholder, Wakame-Alge, Sanddorn, Grapefruit, Orange, Zitrone, Granatapfel, Zimtkassie, Koriander, Kardamom sowie Rosmarin.

BUNDESLAND
HESSEN

HERSTELLER
DIEMELSTRAND
UG & CO. KG

ERSCHEINUNGSJAHR
2016

ALKOHOLGEHALT
45 % VOL.

ANZAHL BOTANICALS
22

PREIS
34,50 € / 0,5 L

PASSENDES TONIC
THOMAS HENRY

PASSENDES GARNISH
ORANGENZESTE

PASSENDER COCKTAIL
NEGRONI

LINE EXTENSIONS
FIELDFARE PREMIUM SLOE GIN
FIELDFARE DISTILLER'S CUT
FIELDFARE WEIHNACHTS-
EDITION

F

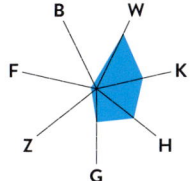

FRIEDRICHS DRY GIN

BUNDESLAND
NORDRHEIN-WESTFALEN

HERSTELLER
FRIEDRICH SCHWARZE
GMBH & CO. KG

ERSCHEINUNGSJAHR
2015

ALKOHOLGEHALT
45 % VOL.

ANZAHL BOTANICALS
13

PREIS
27,99 € / 0,7 L

PASSENDES TONIC
FEVER-TREE INDIAN TONIC

PASSENDES GARNISH
LIMETTENZESTE

PASSENDER COCKTAIL
DRY MARTINI

LINE EXTENSIONS
KEINE

Friedrichs Dry Gin kommt aus dem Haus Schwarze und Schlichte in Steinhagen. Hier wird schon der eine oder andere aufhorchen, denn, ja, der Friedrichs Gin stammt aus dem gleichen Haus wie der Traditionswacholder Steinhäger. Technisch ist der Unterschied zwischen Gin und Wacholder gering. Seit 1766, also seit mehr als 250 Jahren, wird hier Steinhäger gebrannt, so die gesetzlich geschützte Bezeichnung des in Steinhagen hergestellten Wacholders. Es liegt also auf der Hand, dass man im Hause Schwarze und Schlichte mit dem Umgang mit Wacholder vertraut ist.

Botanicals

Wacholder, Koriander, Angelikawurzel, Kardamom, Süßholzwurzel, Orangenschale, Lavendelblüte, Rosmarin, Sternanis, Jasminblüte, Orangenblüte, Apfel und Schale von Curaçao-Orangen.

F

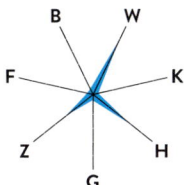

G=IN³

Die Brennerei Ziegler ist seit Jahrzehnten für ihre Obstbrände bekannt und beliebt. Doch schon 2008 verließ man bekannte Pfade und versuchte sich zunächst an einem Whisky. Dann brachte die Destille im Jahr des 150. Firmen-jubiläums 2015, erstmals einen Gin auf den Markt. Die Idee dazu hatten die drei Ziegler-Destillateure Pascal Marré, Max Kirchner und Paul Maier (deshalb auch Gin hoch drei) eines Nachts zusammen mit dem Barkeeper Marius Hoh, der ebenfalls ein bei Ziegler ausgebildeter Destillateur ist, in einer Bar in Wertheim.

Botanicals
Über die Zutaten vom G=in³ ist leider nicht viel bekannt. Neben dem obligatorischen Wacholder weiß man mit Bestimmtheit nur von Ingwer.

BUNDESLAND
BADEN-WÜRTTEMBERG

HERSTELLER
GEBR. J. & M. ZIEGLER GMBH

ERSCHEINUNGSJAHR
2015

ALKOHOLGEHALT
45 % VOL.

ANZAHL BOTANICALS
13

PREIS
39,90 € / 0,7 L

PASSENDES TONIC
FEVER-TREE
MEDITERRANEAN TONIC

PASSENDES GARNISH
LIMETTENZESTE

PASSENDER COCKTAIL
DRY MARTINI

LINE EXTENSIONS
METAL (KUPFERFLASCHE)
GINT INFUSED WITH MORGENTAU

G

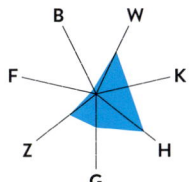

GENTLE GIN TEA DRY

Gentle Gin gibt es seit 2014, die erste Kreation des Hauses war aber der Saffron Gin, ein mit iranischem Safran aromatisierter Gin. Der hier verkostete Tea Dry kam dann Anfang 2016 dazu, und inzwischen gibt es insgesamt sogar drei Ausführungen des Gentle Gin, denn 2017 wurde zusätzlich der Pink One vorgestellt. Der Tea Dry ist ein klassischer Dry Gin, der mit einem Blend aus weißem Tee aus der chinesischen Provinz Fujian und Darjeeling Earl Grey aromatisiert wird.

Botanicals
Viele sind nicht bekannt. Neben Wacholder werden Borretschblüte sowie Earl Grey und weißer Tee genannt.

BUNDESLAND
BERLIN

HERSTELLER
GENTLE SPIRITS GMBH

ERSCHEINUNGSJAHR
2016

ALKOHOLGEHALT
47 % VOL.

ANZAHL BOTANICALS
9

PREIS
36,90 € / 0,5 L

PASSENDES TONIC
THOMAS HENRY

PASSENDES GARNISH
ORANGENZESTE

PASSENDER COCKTAIL
NEGRONI

LINE EXTENSIONS
GENTLE GIN PINK ONE
GENTLE GIN SAFFRON

G

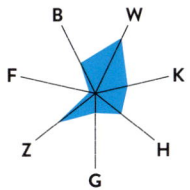

GIN 206

Der Gin 206 gehört zu den Produkten des Freimeisterkollektivs aus Berlin. Mit dem Begriff »Freimeister« wurden bis ins 18. Jahrhundert Meister bezeichnet, die keiner bestimmten Gilde oder Zunft angehörten. Das Freimeisterkollektiv ist ein Zusammenschluss von Individualisten – eine Verbindung von unabhängigen Kleinbrennern und führenden Bartendern. Die Herstellung der Produkte unterliegt völliger Transparenz, nur selten werden sonst so detaillierte Informationen preisgegeben. Gebrannt wird der Gin 206 von Thomas Neubert in der Gutsbrennerei Schloss Zinzow, wo auch der Baltic Dry Gin hergestellt wird.

Botanicals

Koriander, Kardamom, Lavendelblüte, Ingwerwurzel, Veilchenwurzel, Bergamotte, Orangenschale, Orangenblüte, Zitronenschale und natürlich Wacholder.

BUNDESLAND
BERLIN

HERSTELLER
FREIMEISTERKOLLEKTIV GMBH

ERSCHEINUNGSJAHR
2017

ALKOHOLGEHALT
48 % VOL.

ANZAHL BOTANICALS
10

PREIS
20,00 € / 0,5 L

PASSENDES TONIC
FEVER-TREE INDIAN TONIC

PASSENDES GARNISH
ZITRONENZESTE

PASSENDER COCKTAIL
NEGRONI

LINE EXTENSIONS
KEINE

G

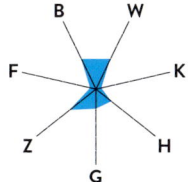

GIN LUUM

Die drei Gründer der Medienagentur Luum aus Münster, Sebastian Bung, Finn Danker und Patrick Rosenberger, entschlossen sich 2015 dazu, einen eigenen Gin herzustellen. Den Namen Luum leiten sie übrigens von *lumen*, dem lateinischen Wort für »Licht«, ab. Zunächst experimentierten die drei mit einer kleinen Heimdestille. Für die Produktion des ersten Batches von rund 300 Flaschen wurde dann aber eine professionelle Brennerei mit ins Boot geholt. Den Auftrag erhielt die Brennerei Hubertus Vallendar aus Rheinland-Pfalz, die auch den Vallendar Pure Gin herstellt.

Botanicals
Wacholder, Koriander, Zitrone, Mandel, Orange und Angelikawurzel sowie eine siebte Geheimzutat.

BUNDESLAND
NORDRHEIN-WESTFALEN

HERSTELLER
LUUM GMBH

ERSCHEINUNGSJAHR
2015

ALKOHOLGEHALT
40 % VOL.

ANZAHL BOTANICALS
7

PREIS
32,90 € / 0,5 L

PASSENDES TONIC
THOMAS HENRY

PASSENDES GARNISH
ZITRONENZESTE

PASSENDER COCKTAIL
WHITE LADY

LINE EXTENSIONS
KEINE

G

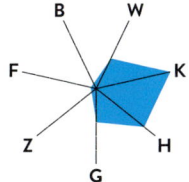

GIN SIEBEN

Sieben Botanicals sind hier tonangebend – nämlich die der Frankfurter grünen Soße: Borretsch, Kerbel, Kresse, Petersilie, Pimpinelle, Sauerampfer und Schnittlauch. Die Essenzen dieser sieben Pflanzen werden mittels Mazeration in den Alkohol übertragen. Für den Gin kommt natürlich auch noch der obligatorische Wacholder dazu, und zwar in Form eines Wacholdergeistes. Um die Frankfurter Tradition in die Flasche zu bringen, hat sich der Initiator Gregor Haslinger an die Brennerei Henrich in Kriftel in unmittelbarer Nähe zu Frankfurt gewandt. Bei den Brüdern Holger und Ralf Henrich stieß seine Idee sofort auf offene Ohren, und seitdem wird der Gin Sieben hier gebrannt.

Botanicals

Wacholder, Borretsch, Kerbel, Kresse, Petersilie, Pimpinelle, Sauerampfer und Schnittlauch.

BUNDESLAND
HESSEN

HERSTELLER
GREGOR HASLINGER

ERSCHEINUNGSJAHR
2015

ALKOHOLGEHALT
49 % VOL.

ANZAHL BOTANICALS
8

PREIS
34,90 € / 0,5 L

PASSENDES TONIC
SCHWEPPES DRY TONIC

PASSENDES GARNISH
KEINES

PASSENDER COCKTAIL
DRY MARTINI

LINE EXTENSIONS
KEINE

G

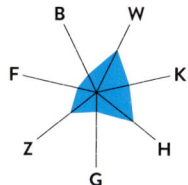

GIN SUL

Eigentlich hätte dieser Gin in Portugal entstehen sollen. Dem Gründer von Gin Sul Stephan Garbe kam in einem kleinen Ort an der portugiesischen Costa Vicentina, nach der später die GmbH benannt wurde, die Idee, aus einigen der vor Ort wachsenden Botanicals einen Gin zu machen. In Portugal erwies sich das als recht kompliziert, und so entstand die Destille dann doch in Garbes Heimatstadt Hamburg. Diese Verbindung zeigt sich übrigens auch auf der Steingutflasche des Gin Sul, die eine Zeichnung eines sogenannten Typschiffes ziert. Diese fuhren einst in Hamburg als Hafenfähren und wurden dann nach Lissabon verkauft.

Botanicals
Nicht alle verwendeten Botanicals gibt Stephan Garbe preis. Bekannt sind Wacholder, Koriander, Rosmarin, Piment, Lavendel, Zimt, Rosenblätter, Lack-Zistrose und Zitrone.

BUNDESLAND
HAMBURG

HERSTELLER
VICENTINA
GMBH & CO. KG

ERSCHEINUNGSJAHR
2014

ALKOHOLGEHALT
43 % VOL.

ANZAHL BOTANICALS
14

PREIS
35,90 € / 0,5 L

PASSENDES TONIC
FEVER-TREE INDIAN TONIC

PASSENDES GARNISH
ORANGENZESTE

PASSENDER COCKTAIL
GIN BASIL SMASH

LINE EXTENSIONS
DIVERSE SONDEREDITIONEN

G

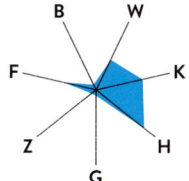

GINPHONY

BUNDESLAND
SCHLESWIG-HOLSTEIN

HERSTELLER
HANSE MALT

ERSCHEINUNGSJAHR
2014

ALKOHOLGEHALT
42,9 % VOL.

ANZAHL BOTANICALS
5

PREIS
33,00 € / 0,5 L

PASSENDES TONIC
FEVER-TREE INDIAN TONIC

PASSENDES GARNISH
KEINES

PASSENDER COCKTAIL
GIN BASIL SMASH

LINE EXTENSIONS
KEINE

Der Hanse Spirit Ginphony, so der vollständige Name, wurde ursprünglich als Messeabfüllung kreiert. Auf jeder Hanse Spirit, der größten Spirituosenmesse in Hamburg, gibt es eine sogenannte Messeabfüllung. Meist waren das bisher Whiskys, im Jahr 2014 sollte mal ein Gin für Abwechslung sorgen. Aufgrund des großen Erfolgs legte man bald einen weiteren Batch auf, allerdings wieder im verhältnismäßig kleinen Volumen von nur 500 Litern. Der Ginphony ist also etwas Rares. Aber auch etwas Besonderes, denn nur in wenigen Gins auf der Welt finden sich Tomaten als Botanical.

Botanicals
Wacholder, Tomate, Basilikum, Zitronenmelisse und Zitronengras.

G

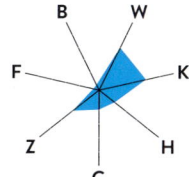

GINSTR STUTTGART DRY GIN

BUNDESLAND
BADEN-WÜRTTEMBERG

HERSTELLER
STUTTGART DISTILLERS GBR

ERSCHEINUNGSJAHR
2016

ALKOHOLGEHALT
44 % VOL.

ANZAHL BOTANICALS
46

PREIS
29,90 € / 0,5 L

PASSENDES TONIC
THOMAS HENRY

PASSENDES GARNISH
ORANGENZESTE

PASSENDER COCKTAIL
NEGRONI

LINE EXTENSIONS
SONDEREDITIONEN FÜR VFB
STUTTGART UND MERCEDES

Die vielen Zutaten für den GINSTR (das STR steht für die internationale Abkürzung des Stuttgarter Flughafens) kommen sämtlich aus Stuttgart und dem Umland. Entweder werden sie tatsächlich dort geerntet, wie die Wacholderbeeren, die von den Weinbergen des Weinguts Escher stammen, oder sie kommen, wie Zitrusfrüchte und Rosmarin, von Stuttgarter Gärtnereien. Die Botanicals, die sich nicht in Stuttgart anbauen lassen, bezieht man von regionalen Händlern, zum größten Teil aus der Stuttgarter Markthalle. Die Idee für den GINSTR hatten Markus Escher, Brennmeister vom Weingut Escher, der auch den Wild Gin brennt, und Alexander Franke, seines Zeichens Radiomoderator und passionierter Gin-Sammler und -Liebhaber.

Botanicals
Von den insgesamt 46 Botanicals werden Wacholder, Rosmarin, Kardamom, Koriander, Kaffirlimettenblätter, Granatapfelkerne, Süßholz sowie die Blüten von Orange, Hibiskus und Holunder genannt.

G

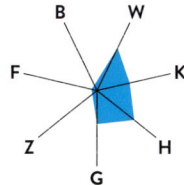

GOLDBERNER DRY GIN

BUNDESLAND
BADEN-WÜRTTEMBERG

HERSTELLER
GEBRÜDER ELWERT GMBH

ERSCHEINUNGSJAHR
2014

ALKOHOLGEHALT
45 % VOL.

ANZAHL BOTANICALS
9

PREIS
29,95 € / 0,5 L

PASSENDES TONIC
FEVER-TREE
MEDITERRANEAN TONIC

PASSENDES GARNISH
ORANGENSCHALE

PASSENDER COCKTAIL
WHITE LADY

LINE EXTENSIONS
KEINE

Die Apothekerfamilie Elwert in Böhmenkirch, gut 30 Kilometer nördlich von Ulm, kennt sich mit Spirituosen aus. Schon lange ist die Rathaus-Apotheke für ihr Böhmenkircher Lebenselixier, einen Magenbitter, bekannt. Der heutige Apotheker Philipp Elwert gründete mit seinem Bruder Christoph Elwert eine Spirituosenmanufaktur und nutzte das alte Rezept des Magenbitters für die Herstellung eines verfeinerten Kräuterelixiers. Auf der Basis dieses Elixiers, natürlich ergänzt um Wacholder, wird der Goldberner Dry Gin nun in der eigenen 150-Liter-Brennblase im Hinterhof der Apotheke gebrannt.

Botanicals
Wacholder, Orangenschale, Kardamom, Angelikawurzel, Vanille, Pomeranze, Ingwer, Sternanis und Zimt.

G

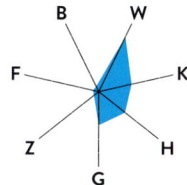

GRANIT BAVARIAN GIN

BUNDESLAND
BAYERN

HERSTELLER
ALTE HAUSBRENNEREI
PENNINGER GMBH

ERSCHEINUNGSJAHR
2013

ALKOHOLGEHALT
42 % VOL.

ANZAHL BOTANICALS
28

PREIS
32,90 € / 0,7 L

PASSENDES TONIC
THOMAS HENRY

PASSENDES GARNISH
ZITRONENZESTE

PASSENDER COCKTAIL
NEGRONI

LINE EXTENSIONS
KEINE

Nach der Destillation und Reifung im Steingut-fass wird der Granit Gin in einem Oxy-Esterator gefiltert. In diesem Verfahren wird eigentlich ein mit Silberoxid überzogenes Filtermaterial genutzt, um säurehaltige Bestandteile in der Spirituose zu reduzieren. Ursprünglich waren das Kieselsteine, auf deren Oberfläche sich das Silberoxid befand. Diese Steine wurden durch Granitsteine ohne Silberoxidbeschichtung er-setzt. So wird das Funktionsprinzip des Geräts nunmehr genutzt, um das Destillat über die große Oberflächenstruktur des Granits zu fil-tern. Dadurch wird ein funktionaler Aspekt des Herstellungsprozesses mit einem regionalen verbunden: Die Stadt Hauzenberg, in der sich die Brennerei Penninger befindet, ist seit Jahr-hunderten für den Abbau von Granit bekannt.

Botanicals

13 klassische Gin-Botanicals wie Wacholder, Zitronenschale, Lavendel, Kardamom und Ko-riander sowie 15 traditionelle bayerische Kräu-ter und Wurzeln wie Melisse, Angelikawurzel, Arnika, Bärwurz und Enzian.

G

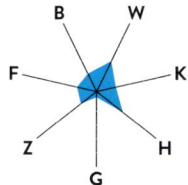

GRIMBART'S GIN

Grimbart ist der Fabelname des Dachses. Und dieser Name scheint nicht unpassend, wenn man weiß, dass das Weingut Bauer und die dazugehörige Edelobstbrennerei, aus der dieser Gin stammt, auf einem Weinberg namens Heidelberger Dachsbuckel liegen. Neben den traditionellen Obstbränden und Likören, die Werner Bauer in seiner Edelobstbrennerei bereits seit 1995 herstellt, hat sein Sohn Andreas Bauer das Sortiment 2014 um den Grimbart's Gin erweitert. Ein tonangebendes – und deshalb auch eigens auf dem Etikett genanntes – Botanical in diesem Gin sind die Blüten der Reben von eben jenem Weinberg.

Botanicals
Unter anderem Wacholder, Koriander, Zitronenschale, Angelikawurzel, Lavendel, Orangenblüte, Ingwer und Rebblüte.

BUNDESLAND
BADEN-WÜRTTEMBERG

HERSTELLER
EDELOBSTBRENNEREI
BAUER

ERSCHEINUNGSJAHR
2014

ALKOHOLGEHALT
44 % VOL.

ANZAHL BOTANICALS
17

PREIS
24,90 € / 0,5 L

PASSENDES TONIC
THOMAS HENRY

PASSENDES GARNISH
LIMETTENZESTE

PASSENDER COCKTAIL
WHITE LADY

LINE EXTENSIONS
KEINE

G

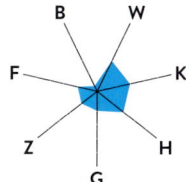

HANNIBAL GIN

BUNDESLAND
HESSEN

HERSTELLER
FEINBRENNEREI HERBERT

ERSCHEINUNGSJAHR
2015

ALKOHOLGEHALT
47 % VOL.

ANZAHL BOTANICALS
18

PREIS
35,00 € / 0,5 L

PASSENDES TONIC
GOLDBERG TONIC

PASSENDES GARNISH
ZITRONENZESTE

PASSENDER COCKTAIL
NEGRONI

LINE EXTENSIONS
HANNIBAL GIN MEETS
RASPBERRY
HANNIBAL GIN JUNIPER

Die Idee, einen Gin zu machen, hatte eigentlich der Vater Herbert Freitag. Er begann gemeinsam mit seinen beiden Söhnen, ein Rezept zu entwickeln, doch dann verstarb er ganz plötzlich und unerwartet. Einer seiner Söhne, Maximilian Freitag, entschloss sich, die Brennerei im hessischen Pfungstadt bei Darmstadt im Nebenerwerb fortzuführen und die Pläne seines Vaters in die Tat umzusetzen: Er brannte also einen Gin. In Gedenken an den Vater benannte er das Destillat nach dem Spitznamen des Vaters aus dessen Studentenzeiten.

Botanicals
Bekannt sind Wacholder, Rosmarin, Jasminblüte, Zimt, Nelke, Lavendel und der für Gin ungewöhnliche Kreuzkümmel.

H

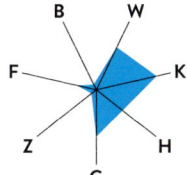

HANNOVER ROOFTOP GARDEN GIN

Die häufig angestrengt bemühte Regionalität wird hier so konsequent wie ungezwungen umgesetzt. Neben Zutaten aus aller Welt werden für den Hannover Gin viele Botanicals verwendet, die im Raum Hannover gesammelt oder auf dem Dachgarten über der Destille – daher der Name Rooftop Garden Gin – angebaut werden. Aus diesem Grund verändert sich die Anzahl der Botanicals durch die Jahreszeiten. Joerma Biernath macht sich das botanische Fachwissen, das er als studierter Gartendesigner und Inhaber eines Gartenbaubetriebes in zweiter Generation erworben hat, für die Herstellung seines Gins zunutze.

Botanicals
Die Anzahl der verwendeten Botanicals variiert stark. Vielleicht ist das der Grund, weshalb die verarbeiteten Gewürze nicht bekannt gemacht werden.

H

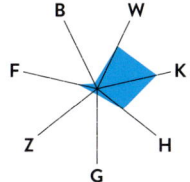

HEIMAT GIN

Drei Jungs, Rouven Richter, Marcel Eßlinger und Raphael Heiche, die sich schon seit der Kindheit kennen, kommen auf die Idee, einen Gin zu brennen. Eine Schnapsidee? Vielleicht, aber gar nicht so abwegig, wenn der Vater des einen und Schwiegervater des anderen bereits in fünfter Generation eine Brennerei betreibt. Bei der Auswahl der Zutaten für den Gin wird der Fokus dann auch auf heimische Kräuter von den eigenen Streuobstwiesen in der baden-württembergischen Heimatstadt Schwaigern, der Weinbaustadt am Heuchelberg, wie sie sich nennt, gelegt.

Botanicals

Bekannt sind neben Wacholder etwa Wiesensalbei, Spitzwegerich und Thymian sowie Apfel und Birne aus eigenem Anbau.

BUNDESLAND
BADEN-WÜRTTEMBERG

HERSTELLER
HEIMAT GBR

ERSCHEINUNGSJAHR
2017

ALKOHOLGEHALT
43 % VOL.

ANZAHL BOTANICALS
18

PREIS
33,00 € / 0,5 L

PASSENDES TONIC
FEVER-TREE
MEDITERRANEAN TONIC

PASSENDES GARNISH
ORANGENZESTE

PASSENDER COCKTAIL
NEGRONI

LINE EXTENSIONS
HEIMAT BARREL AGED
DRY GIN (FASSGELAGERT)

H

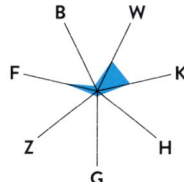

HINTERLAND GIN

BUNDESLAND
BAYERN

HERSTELLER
HINTERLAND DESTILLE

ERSCHEINUNGSJAHR
2014

ALKOHOLGEHALT
43,5 % VOL.

ANZAHL BOTANICALS
9

PREIS
33,00 € / 0,5 L

PASSENDES TONIC
FEVER-TREE
MEDITERRANEAN TONIC

PASSENDES GARNISH
ZITRONENZESTE

PASSENDER COCKTAIL
WHITE LADY

LINE EXTENSIONS
KEINE

Martin Milz ist selbstständiger Landschafts-gärtner und betreibt eine Nebenerwerbs-landwirtschaft sowie eine Destillerie in Hergensweiler bei Lindau am Bodensee – in dem Landstrich, der auch als das Hinterland des Bodensees bezeichnet wird. Hier hat er zwei Jahre an seinem Rezept getüftelt und destilliert heute den Hinterland Gin in Kleinstauflage. Lokales Kolorit erhält der Brand in der schlichten, eleganten Flasche durch die Beigabe von typisch alpiner Engelwurz, ansonsten hält man es im Allgäu mit den acht weiteren Botanicals sehr klassisch und geradezu minimalistisch.

Botanicals
Wacholder, Zitronenschale, Koriander, Süßholz, Kardamom, Engelwurz, Kubebenpfeffer, Paradieskörner und Lavendel.

H

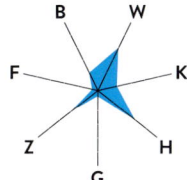

HIRSCHBERG GIN

BUNDESLAND
RHEINLAND-PFALZ

HERSTELLER
HIRSCHBERG GIN GMBH

ERSCHEINUNGSJAHR
2016

ALKOHOLGEHALT
47 % VOL.

ANZAHL BOTANICALS
35

PREIS
38,50 € / 0,5 L

PASSENDES TONIC
THOMAS HENRY

PASSENDES GARNISH
ORANGENZESTE

PASSENDER COCKTAIL
WHITE LADY

LINE EXTENSIONS
KEINE

Hinter dem Hirschberg Gin steht die Geschichte von zwei jungen Männern aus Hirschberg bei Limburg, die es sich in den Kopf gesetzt haben, einen Gin zu produzieren – und zwar lange bevor so etwas wie ein Gin-Hype in Deutschland erkennbar war. Drei bis vier Jahre haben Max Weiß und Simon Gunnemann mit einer kleinen Heimdestille an ihrem Rezept getüftelt. Als das endlich stand, ließen die beiden ihren Gin dann aber doch von einem Profi brennen. Gut, dass es in ihrem Heimatort die Schnapsbrennerei von Klaus Meckel gibt. Denn eines war ihnen wichtig: Ihr Gin sollte einen Bezug zum Heimatort haben. So fiel auch die Wahl des Namens nicht schwer.

Botanicals

Von den 35 verwendeten Botanicals verraten die Hersteller nur Wacholder, unterschiedliche, nicht genauer präzisierte Zitrusfrüchte (u. a. Pomeranzen) und Lavendel.

H

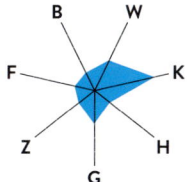

HOOS LONDON GIN

Ein Bartender war es, der dem in Karlsruhe lebenden Pfälzer Heiko Hoos die wilde Idee in den Kopf setzte, einen eigenen Gin zu brennen. Da war es schon eine glückliche Fügung, dass sein Schwager in Neustadt-Duttweiler ein Weingut mit Destillerie besitzt, in der er seine ersten Versuche starten konnte. Da der Grafikdesigner Hoos alles selber macht – vom Destillieren übers Marketing bis hin zum Vertrieb –, konnte ein vergleichsweise moderater Verkaufspreis angesetzt werden. Und bei so viel Einsatz ist es nicht nur nicht schlimm, dass Hoos kein anderer Name für seinen Gin eingefallen ist als sein eigener, es ist im höchsten Maße angemessen.

Botanicals

Wacholder, Koriander, Majoran, Zitronenmelisse, Zitronenschale, Orangenschale, Kiefernknospe, Fenchel, Lavendel, Kardamom, Kubebenpfeffer, Angelikawurzel sowie Blüten von Orange, Kamille und Muskat.

BUNDESLAND
BADEN-WÜRTTEMBERG

HERSTELLER
HEIKO HOOS

ERSCHEINUNGSJAHR
2014

ALKOHOLGEHALT
44,4 % VOL.

ANZAHL BOTANICALS
15

PREIS
25,00 € / 0,5 L

PASSENDES TONIC
SCHWEPPES INDIAN TONIC

PASSENDES GARNISH
ORANGENZESTE

PASSENDER COCKTAIL
DRY MARTINI

LINE EXTENSIONS
HOOS RESERVE GIN
HOOS PINK GRAPEFRUIT
HOOS LAPSANG GIN

H

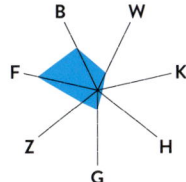

HUCKLEBERRY GIN

Natürlich ist die Heidelbeere (engl. *huckleberry*) das tonangebende Botanical in diesem aus München stammenden Gin. Und um gleich noch die Brücke zum literarischen Vorbild Huckleberry Finn, dem Freund von Tom Sawyer, zu schlagen, lautet der Slogan dieses Gins »Auf die Freundschaft«. Entwickelt wurde er von Maximilian Elsholtz und Jens Lauckner, die beide aus dem Münchener Getränkehandel kommen. Hergestellt wird der Huckleberry Gin aber von einem nicht näher bezeichneten erfahrenen Destillateur aus dem Schwarzwald.

Botanicals
Von den 22 verwendeten Botanicals verraten die Hersteller Wacholder, Angelikawurzel, Koriandersaat, Ingwer, Zimt, Lavendel, Holunder- und Hopfenblüte, Zitronenschale, Pfefferminze, Himbeere und eben Heidelbeere.

BUNDESLAND
BAYERN

HERSTELLER
FINEST BEVERAGES GMBH

ERSCHEINUNGSJAHR
2017

ALKOHOLGEHALT
44 % VOL.

ANZAHL BOTANICALS
22

PREIS
29,90 € / 0,5 L

PASSENDES TONIC
SCHWEPPES DRY TONIC

PASSENDES GARNISH
ZITRONENZESTE

PASSENDER COCKTAIL
WHITE LADY

LINE EXTENSIONS
KEINE

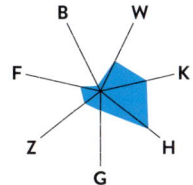

IRIS DRY GIN

Die Brennerin Iris Krader erbte einen Obst-
hof mit Brennrecht im Markgräflerland, das
sich über eine Länge von etwa 60 Kilometer
von Freiburg im Norden bis Basel im Süden er-
streckt. Da sie selbst gerne Gin trinkt, kam sehr
schnell der Gedanke auf, neben den klassischen
Destillaten aus Obst- und Weinanbau oder Beeren, die vor ihr schon ihr Onkel brannte, auch
einen Gin zu brennen. Bei all ihren Bränden
achtet Iris Krader darauf, dass nur hochwertige
Zutaten Verwendung finden. Die meisten der
20 Botanicals wachsen im Schwarzwald oder
werden in den eigenen Obstgärten des Scholer-
hofs geerntet.

Botanicals

Alle verwendeten Botanicals verrät uns die
Herstellerin nicht. Bekannt sind Wacholder,
Koriander, Rosenblätter, Lavendel, Kardamom,
Schlehe, Minze, Brombeerblätter und Preisel-
beere.

BUNDESLAND
BADEN-WÜRTTEMBERG

HERSTELLER
IRIS KRADER

ERSCHEINUNGSJAHR
2014

ALKOHOLGEHALT
47 % VOL.

ANZAHL BOTANICALS
20

PREIS
39,00 € / 0,5 L

PASSENDES TONIC
THOMAS HENRY

PASSENDES GARNISH
ORANGENZESTE

PASSENDER COCKTAIL
WHITE LADY

LINE EXTENSIONS
KEINE

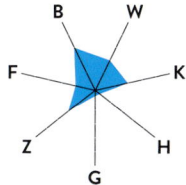

JOS. GARDEN DRY GIN

BUNDESLAND
NORDRHEIN-WESTFALEN

HERSTELLER
BRENNEREI
EHRINGHAUSEN E.K.

ERSCHEINUNGSJAHR
2016

ALKOHOLGEHALT
44 % VOL.

ANZAHL BOTANICALS
28

PREIS
39,95 € / 0,5 L

PASSENDES TONIC
FEVER-TREE INDIAN TONIC

PASSENDES GARNISH
LIMETTENZESTE

PASSENDER COCKTAIL
GIN BASIL SMASH

LINE EXTENSIONS
JOS. GARDEN RESERVE GIN
(FASSGELAGERT)
JOS. GARDEN OVERPROOF

Die Geschichte des Hofes Ehringhausen im Münsterland beginnt vor über 780 Jahren, genauer gesagt im Jahre 1237. In diesem Jahr wird ein »Haus Edrinchhausen« im Besitz des Ritters Hellmich erwähnt. Die Destille auf Hof Ehringhausen ist seit 1962 im Betrieb. 1992 übernahm die zweite Generation, 2012 dann mit den Geschwistern Theres und Georg Glitz-Ehringhausen die dritte. Mit klar definierten hohen Ansprüchen machten die beiden sich ans Werk. Zur Namensfindung des Gins findet sich das folgende Zitat auf der Webseite der Brennerei: »Der Namensgeber von Jos. Garden hat uns ein vielseitiges Herbarium hinterlassen, das uns Anlass zu wilden Aromen-Experimenten gegeben hat.«

Botanicals
Von den insgesamt 28 Botanicals werden neben Wacholder noch Koriander, Pappelknospe, Himbeere, Pfeffer, Pomeranze, Schlehe, Zitrone und Zimt verraten.

J

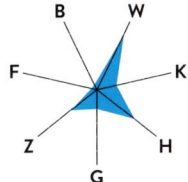

BUNDESLAND
BAYERN

HERSTELLER
LANTENHAMMER
DESTILLERIE GMBH

ERSCHEINUNGSJAHR
2018

ALKOHOLGEHALT
42 % VOL.

ANZAHL BOTANICALS
9

PREIS
34,90 € / 0,5 L

PASSENDES TONIC
FEVER-TREE INDIAN TONIC

PASSENDES GARNISH
ZITRONENZESTE

PASSENDER COCKTAIL
NEGRONI

LINE EXTENSIONS
JOSEF 1928 BAVARIAN
GIN BLUE EDITION
JOSEF 1928 BAVARIAN SLOE GIN
JOSEF 1928 BAVARIAN GIN
RASPBERRY INFUSED

JOSEF 1928 BAVARIAN GIN
ALPINE BOTANICALS

Im neunzigsten Jahr nach ihrer Gründung 1928 brachte die Destillerie Lantenhammer vom Schliersee gleich vier neue Gins auf den Markt. Hier wollen wir aber zunächst nur den Josef 1928 Bavarian Gin Alpine Botanicals betrachten. Das Rezept soll im Wesentlichen auf den Destilleriegründer Josef Lantenhammer zurückgehen, der gegen Ende der 1920er-Jahre natürlich fast ausschließlich auf Botanicals aus der Alpenregion zurückgreifen konnte. So finden dann auch im Josef 1928 Bavarian Gin Alpine Botanicals unter anderem bayerische Heublumenblüten, Hopfendolden, Holunderbeeren und Fenchelsamen Verwendung.

Botanicals
Insgesamt hält sich der Hersteller bedeckt, wenn man bedenkt, dass der Gin doch schon im Namen auf seine Botanicals verweist. Neben den bereits erwähnten Gewürzen (und natürlich Wacholder) finden sich noch Hinweise auf Zitronen- und Orangenschale, Hagebutte, Latschenkiefer und Tannennadel.

J

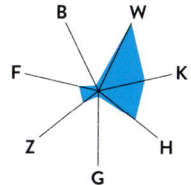

JUNIPER JACK

In diesem Gin steht ganz kompromisslos der Wacholder im Vordergrund. So nennen die Macher des Gins, Jörg Fiedler und der Destillateurmeister der Meissener Spezialitätenbrennerei Siegbert Hennig, ihn auch die »Wacholderbombe«. Es liegt auf der Hand, dass die Qualität des Wacholders, wenn er im Destillat so im Vordergrund steht, hervorragend sein muss. Leider fand Jörg Fiedler bei den heimischen Händlern nur schwankende Qualitäten, weshalb er sich nach Kroatien aufmachte und dort ein Ehepaar verpflichtete, dass seither den Wacholder für den Juniper Jack erntet.

Botanicals

Alle zehn werden nicht verraten, bekannt sind aber folgende sieben: Wacholder, Zitronenschale, Bitterorangenschale, Brombeerblätter, Koriander, Minze und Wermut.

BUNDESLAND
SACHSEN

HERSTELLER
INDEPENDENT SPIRIT –
JÖRG FIEDLER

ERSCHEINUNGSJAHR
2015

ALKOHOLGEHALT
46,5 % VOL.

ANZAHL BOTANICALS
10

PREIS
49,98 € / 0,7 L

PASSENDES TONIC
FEVER-TREE
MEDITERRANEAN TONIC

PASSENDES GARNISH
ZITRONENZESTE

PASSENDER COCKTAIL
DRY MARTINI

LINE EXTENSIONS
JUNIPER JACK NAVY STRENGTH

J

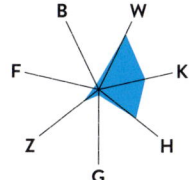

KAISER HILL 16 BAVARIAN DRY GIN

BUNDESLAND
BAYERN

HERSTELLER
STEINWÄLDER
HAUSBRENNEREI
SCHRAML E. K.

ERSCHEINUNGSJAHR
2016

ALKOHOLGEHALT
42 % VOL.

ANZAHL BOTANICALS
11

PREIS
32,95 € / 0,7 L

PASSENDES TONIC
THOMAS HENRY

PASSENDES GARNISH
ORANGENZESTE

PASSENDER COCKTAIL
DRY MARTINI

LINE EXTENSIONS
KEINE

Die Familie Schraml brennt bereits seit 1818 Obstbrände und seit 1957 auch einen Gin – was in damaligen Zeiten eher eine exotisch anmutende Idee war. Den Gin nannten sie damals allerdings noch Krammelbeer Dry Gin nach der oberpfälzischen Bezeichnung für Wacholder. Seit 2015 wird dieser Gin nun unter dem Namen Kaiser Hill 16 vermarktet. Denn dies ist die ehemalige Adresse der Brennerei: Kaiserberg 16 in Erbendorf in der Oberpfalz. Bemerkenswert ist, dass auch heute noch das Rezept von 1957 verwendet wird.

Botanicals

Wacholder, Koriander, Kardamom, Arnikawurzel, Melisse, Nelke, Salbei, Thymian, Pappelknospe, Abelmoschussamen und Ysopkraut.

K

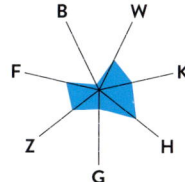

KNETE BERLIN
SPICED GIN

Knete Gin ist ein Berliner Gin, der seine Wurzeln in der Booze Bar in Friedrichshain hat. Einer der Bartender dort war auf der Suche nach seiner ganz persönlichen Geheimzutat. Es ging eigentlich gar nicht darum, eine neue Spirituose zu erfinden, vielmehr sollte ein besonderer Cocktail kreiert werden. Auf der Suche probierte er verschiedene Methoden aus, aber das Infusionieren von Alkohol erwies sich als besonders vielversprechend. Dabei ergaben sich schier endlose Möglichkeiten. Gin schien als Basis perfekt, da schon komplexe Aromen vorhanden sind. Hergestellt wird der Knete Gin in der Brennerei von Florian Faude in Baden-Württemberg.

Botanicals
Nicht alle Botanicals werden verraten. Bekannt sind Wacholder, Kardamom, Ingwer, Zimt, rosa Pfeffer, Orangen- und Zitronenschale, Tulsi (Indisches Basilikum).

K

handcrafted

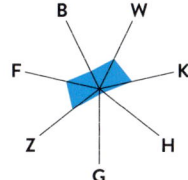

KNUT HANSEN DRY GIN

Die Geschichte des Knut Hansen Dry Gin beginnt mit einem abendlichen Besuch zweier junger Hamburger im Hamburger Schanzenviertel, bei dem sie über Gin philosophierten. Hierbei kamen Kaspar Hagedorn und Martin Spieker auf die Idee, einen eigenen Gin zu kreieren, der mit regionalen Zutaten hergestellt wird. Es sollte ein nordisch-hanseatischer Gin werden. Bei den ersten Destillationsversuchen auf einer kleinen Heimdestille haben sie zwar fast das Wohnzimmer abgebrannt, aber irgendwann nicht nur den ersten Gin getrunken, sondern auch das finale Rezept gefunden. Auffällig an den Flaschen des Knut Hansen Dry Gin sind die beiden blauen Augen, die den Betrachter förmlich zu hypnotisieren scheinen.

Botanicals

Wacholder, Apfel, Basilikum, Rosenblüte – über die restlichen Botanicals hüllt sich der Hersteller in Schweigen.

BUNDESLAND
HAMBURG

HERSTELLER
4ANCHORS GBR

ERSCHEINUNGSJAHR
2017

ALKOHOLGEHALT
42 % VOL.

ANZAHL BOTANICALS
14

PREIS
37,00 € / 0,5 L

PASSENDES TONIC
FEVER-TREE INDIAN TONIC

PASSENDES GARNISH
ORANGENZESTE

PASSENDER COCKTAIL
GIN BASIL SMASH

LINE EXTENSIONS
KEINE

K

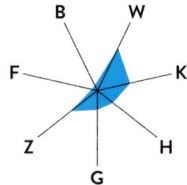

LIEBL BAVARIAN DRY GIN

Die Brennerei Liebl in Bad Kötzing, etwa 40 Kilometer östlich von Regensburg, kennt man seit Jahrzehnten für ihre traditionellen Bayerwald-Spezialitäten, wie Bär- und Blutwurz, aber auch schon länger für einen Latschenwacholder. Die 1970 gegründete Brennerei wurde 2006 um neue Hallen und eine hochmoderne Verschlussbrennerei erweitert. Spätestens 2009 hat sich Gerhard Liebl dann auch mit seinem Whisky einen Namen gemacht. Seit 2013 brennt Liebl, der die Brennerei in dritter Generation führt, auch einen Gin.

Botanicals

Nicht alle werden verraten. Bekannt sind Wacholder, Koriander, Lavendel, Schlehe, Zitrone, Hopfenblüte, Blutorange, Angelikawurzel sowie Ingwer.

BUNDESLAND
BAYERN

HERSTELLER
SPEZIALITÄTEN-BRENNEREI
& WHISKY DESTILLERIE LIEBL
GMBH

ERSCHEINUNGSJAHR
2013

ALKOHOLGEHALT
46 % VOL.

ANZAHL BOTANICALS
10

PREIS
35,90 € / 0,7 L

PASSENDES TONIC
FEVER-TREE INDIAN TONIC

PASSENDES GARNISH
ORANGENZESTE

PASSENDER COCKTAIL
DRY MARTINI

LINE EXTENSIONS
BAVARIAN DRY GIN BARRIQUE
BAVARIAN DRY GIN RÉSERVE (IM
GRAND-MARNIER-FASS GEREIFT)

L

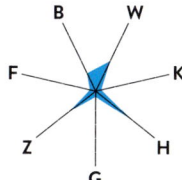

LOBURGER DRY GIN

Die Brennerei Loburg in Sachsen-Anhalt wurde 1990 gegründet. Anfangs machte sie sich in erster Linie mit Likören und Obstbränden einen Namen. Im Jahr 2013 wurde dann der Loburger Dry Gin entwickelt und auf der Grünen Woche 2014 dem Publikum vorgestellt. Wie man liest, soll der Loburger Dry Gin der erste Gin aus Sachsen-Anhalt sein. Inzwischen gehört die Brennerei Loburg allerdings zur Obstbrennerei & Brennereimanufaktur Kullmann & Sohn GbR aus dem nur dreißig Kilometer entfernten, aber schon in Brandenburg gelegenen Ort Wiesenburg.

Botanicals
Wacholder, Orangenschale, Zitrone und Kümmel.

BUNDESLAND
SACHSEN-ANHALT

HERSTELLER
OBSTBRENNEREI &
BRENNEREIMANUFAKTUR
KULLMANN & SOHN GBR

ERSCHEINUNGSJAHR
2014

ALKOHOLGEHALT
40 % VOL.

ANZAHL BOTANICALS
4

PREIS
14,95 € / 0,5 L

PASSENDES TONIC
SCHWEPPES INDIAN TONIC

PASSENDES GARNISH
ORANGENZESTE

PASSENDER COCKTAIL
DRY MARTINI

LINE EXTENSIONS
KEINE

L

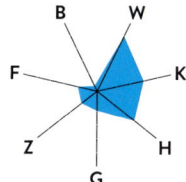

LYONEL DRY GIN

Nach einer Reise nach Armenien und dem Genuss der dortigen Weinbrandspezialitäten war für Matthias Wiegand klar, dass er etwas mit Spirituosen machen müsse. Akribisch bereitete er sich darauf vor, besuchte Fortbildungen und schaute sich lange nach einem passenden Destillationsapparat um, den er schließlich in Tschechien fand. In einer kleinen Destille mit 100 Litern produziert die Wiegand Manufactur nun seit 2011 in Weimar zwei verschiedene Liköre, und 2013 kam dann der Gin dazu. Dieser wurde nach dem Mitbegründer des Bauhauses Lyonel Charles Adrian Feininger benannt. Die Herstellung des Lyonel Dry Gins erfolgt in handwerklicher Kleinarbeit, die Botanicals sind alle biozertifiziert.

Botanicals
Nicht alle werden verraten. Bekannt sind Wacholder, Kardamom, Pfeffer, Lavendelblüte und verschiedene Zitrusfrüchte.

BUNDESLAND
THÜRINGEN

HERSTELLER
WIEGAND MANUFACTUR
WEIMAR

ERSCHEINUNGSJAHR
2013

ALKOHOLGEHALT
50 % VOL.

ANZAHL BOTANICALS
13

PREIS
35,00 € / 0,5 L

PASSENDES TONIC
FEVER-TREE
MEDITERRANEAN TONIC

PASSENDES GARNISH
ZITRONENZESTE

PASSENDER COCKTAIL
DRY MARTINI

LINE EXTENSIONS
LYONEL BARREL AGED
SPECIAL EDITION

L

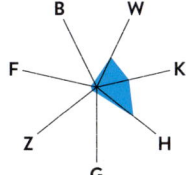

B W

F K

Z H

G

MADAME GENEVA GIN BLANC

BUNDESLAND
NORDRHEIN-WESTFALEN

HERSTELLER
KRUGMANN MARKEN-
SPIRITUOSEN GMBH & CO. KG

ERSCHEINUNGSJAHR
2014

ALKOHOLGEHALT
44,4 % VOL.

ANZAHL BOTANICALS
3

PREIS
30,95 € / 0,7 L

PASSENDES TONIC
FEVER-TREE INDIAN TONIC

PASSENDES GARNISH
ORANGENZESTE

PASSENDER COCKTAIL
DRY MARTINI

LINE EXTENSIONS
MADAME GENEVA GIN ROUGE

Ein Gin aus der Weinflasche? Mit dem Madame Geneva – einem Synonym, unter dem Gin im frühen 18. Jahrhundert in London bekannt war – wird diese seltsam anmutende Vorstellung zur Realität. Die ziemlich schwere Flasche ist wie eine Weinflasche mit einer Metallkapsel und einem (Kunststoff-)Korken verschlossen. Ein Kapselschneider und ein Korkenzieher sind hier also nicht fehl am Platz. Dafür geht es im Inneren wesentlich weniger aufwendig zu: Nur drei Botanicals braucht es beim Madame Geneva Blanc für die Herstellung eines hochwertigen Gins. Anfang 2019 ist das Kreuzritter-Portfolio auf die Firma Krugmann übergegangen.

Botanicals
Wacholder, Koriander und Ingwer.

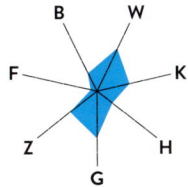

MARDER GIN

Die Firma Marder Edelbrände ist ein Familienunternehmen in dritter Generation und wird seit 2009 von Stefan Marder geführt. Direkt im selben Jahr fing er an, seinen Gin herzustellen – also lange vor dem sogenannten Gin-Hype. Im Fokus stehen für Stefan Marder eine hohe Qualität der Botanicals und handwerkliche Leidenschaft. Die Destillate sollen möglichst unverfälscht sein und viele Aromen der Grundstoffe mitbringen. Das Sortiment von Marder umfasst neben dem Gin noch circa vierzig verschiedene Liköre und Brände.

Botanicals
Wacholder, Bergamotte, Süßholz. Zwei weitere Botanicals sind vorhanden, bleiben aber im Dunkeln.

BUNDESLAND
BADEN-WÜRTTEMBERG

HERSTELLER
MARDER EDELBRÄNDE

ERSCHEINUNGSJAHR
2009

ALKOHOLGEHALT
43 % VOL.

ANZAHL BOTANICALS
5

PREIS
28,00 € / 0,5 L

PASSENDES TONIC
FEVER-TREE INDIAN TONIC

PASSENDES GARNISH
LIMETTENZESTE

PASSENDER COCKTAIL
GIN BASIL SMASH

LINE EXTENSIONS
KEINE

M

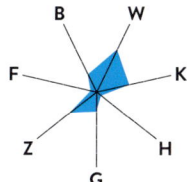

MARX ORGANIC GIN

Wilhelm Marx gründete seine Edelbrandmanufaktur in Neukirchen im Bayerischen Wald vor noch nicht allzu langer Zeit im Jahr 2012. Damit verwirklichte sich der Brenner und ausgebildete Edelbrandsommelier einen langgehegten Traum, den er allerdings zunächst noch in seiner Freizeit neben seinem Beruf in der Optikbranche ausübt. Zunächst widmete er sich der Herstellung von Obstbränden, bis vier Jahre später der biozertifizierte Marx Organic Gin das Portfolio der Edelbrandmanufaktur ergänzte. Jede Flasche Marx Gin, die das Konterfei von Karl Marx ziert, ist innerhalb des jeweiligen Jahrgangs fortlaufend nummeriert.

Botanicals
Wacholder, Zitronengras, sowie Orangen- und Zitronenschale – mehr wird nicht verraten.

BUNDESLAND
BAYERN

HERSTELLER
EDELBRANDMANUFAKTUR
WILHELM MARX

ERSCHEINUNGSJAHR
2016

ALKOHOLGEHALT
40 % VOL.

ANZAHL BOTANICALS
8

PREIS
59,00 € / 0,7 L

PASSENDES TONIC
THOMAS HENRY

PASSENDES GARNISH
ORANGENZESTE

PASSENDER COCKTAIL
GIN BASIL SMASH

LINE EXTENSIONS
MARX SLOE GIN
MARX CHAI GIN
MARX GIN AZUL

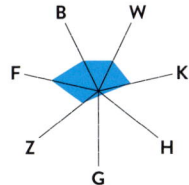

MITNIG GIN

BUNDESLAND
BREMEN

HERSTELLER
JULIUS KALBHENN OHG

ERSCHEINUNGSJAHR
2016

ALKOHOLGEHALT
45 % VOL.

ANZAHL BOTANICALS
NICHT BEKANNT

PREIS
22,50 € / 0,5 L

PASSENDES TONIC
FEVER-TREE INDIAN TONIC

PASSENDES GARNISH
ZITRONENZESTE

PASSENDER COCKTAIL
WHITE LADY

LINE EXTENSIONS
MITNIG 58
CHRISTMAS MITNIG

Tim Kalbhenn führt in Bremen ein Traditionsgeschäft für Weine und Spirituosen und wollte einfach gern einen Gin machen, der aus seiner Stadt Bremen kommt. Ursprünglich sollte der Gin, wie es ja naheliegt, Tim Gin heißen – die Internet-Adresse lautet heute noch so –, doch das wurde verworfen. Die sechs Buchstaben wurden einfach neu angeordnet, und der Gin heißt nun MitNig. Brennen lässt Tim Kalbhenn seinen Gin von einer nicht näher bezeichneten Brennerei in der Lüneburger Heide.

Botanicals
Wacholder, Koriander, Gurke und Zitrone – alles Weitere, wie auch die genaue Anzahl, bleibt geheim.

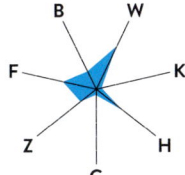

MO ORGANIC LONDON DRY GIN

Seit ihrer Gründung im Jahr 1882 ist die Destillerie Dwersteg in Steinfurt in der Nähe von Münster in Familienbesitz. Und schon vor mehr als 130 Jahren wurde hier, wie es in der Gegend nicht unüblich ist, ein Wacholderbrand hergestellt. Bereits 1996 hat die Destillerie Dwersteg zudem eine Produktreihe gestartet, deren Liköre und Spirituosen vollständig aus biologischen und fair gehandelten Rohstoffen hergestellt werden. So ist es nicht weiter verwunderlich, dass auch der MoGin biozertifiziert ist.

Botanicals

Wacholder zusammen mit Orangen- und Lavendelblüte – alles in Bioqualität. Weitere Botanicals werden jedoch nicht verraten.

BUNDESLAND
NORDRHEIN-WESTFALEN

HERSTELLER
LUDWIG DWERSTEG JUN.
GMBH & CO. KG

ERSCHEINUNGSJAHR
2015

ALKOHOLGEHALT
45 % VOL.

ANZAHL BOTANICALS
13

PREIS
35,90 € / 0,5 L

PASSENDES TONIC
FEVER-TREE INDIAN TONIC

PASSENDES GARNISH
ORANGENZESTE

PASSENDER COCKTAIL
WHITE LADY

LINE EXTENSIONS
KEINE

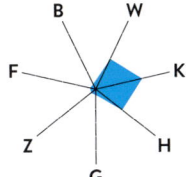

MOMENTUM GERMAN DRY GIN

BUNDESLAND
BAYERN

HERSTELLER
BEVERAGE CONCIERGE
GMBH & CO. KG

ERSCHEINUNGSJAHR
2014

ALKOHOLGEHALT
44 % VOL.

ANZAHL BOTANICALS
10

PREIS
42,00 € / 0,7 L

PASSENDES TONIC
FEVER-TREE
MEDITERRANEAN TONIC

PASSENDES GARNISH
ORANGENZESTE

PASSENDER COCKTAIL
GIN BASIL SMASH

LINE EXTENSIONS
KEINE

Das tonangebende Botanical im Momentum Dry Gin ist – neben dem obligatorischen Wacholder – Basilikum. Man hat hier sogar eine recht exotische Art Basilikum gewählt, nämlich Indisches Basilikum oder auch Tulsi- oder Tulasi-Basilikum. Im Ayurveda wird dieses Basilikum auch im Tee verwendet, und es begegnet einem häufiger in der thailändischen Küche. Dort wird es meist erst zum Ende des Kochvorgangs hinzugegeben, damit das Aroma erhalten bleibt. Etwas Ähnliches muss auch bei der Herstellung des Momentum Dry Gins passieren, so ließe sich zumindest die leicht grün-goldene Farbe im Destillat erklären.

Botanicals

Wacholder, Bohnenkraut, Fenchel, Koriander, Lavendel, Oregano, Rosmarin, Thymian, Tulsi und Ingwer.

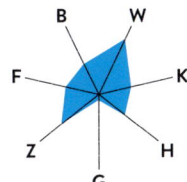

MONKEY 47 SCHWARZWALD DRY GIN

BUNDESLAND
BADEN-WÜRTTEMBERG

HERSTELLER
BLACK FORREST
DISTILLERS GMBH

ERSCHEINUNGSJAHR
2010

ALKOHOLGEHALT
47 % VOL.

ANZAHL BOTANICALS
47

PREIS
29,90 € / 0,5 L

PASSENDES TONIC
SCHWEPPES DRY TONIC

PASSENDES GARNISH
GRAPEFRUITZESTE

PASSENDER COCKTAIL
WHITE LADY

LINE EXTENSIONS
JÄHRLICHER DISTILLER'S CUT
MONKEY 47 SLOE GIN
MONKEY 47 BARREL CUT

Monkey 47 ist inzwischen der Klassiker unter den deutschen Gins – der erste, der in die USA exportiert wurde. Begonnen hat diese Erfolgsgeschichte bereits 2008. Nach zwei Jahren Entwicklungszeit brachten Alexander Stein und Christoph Keller (Letzterer gilt als einer der besten Destillateure Deutschlands) die ersten 2.000 Flaschen Monkey 47 auf den Markt. Nur drei Jahre später lag das jährliche Produktionsvolumen schon bei 150.000 Flaschen. 2016 erwarb Pernod Ricard Deutschland die Mehrheitsanteile an der im Schwarzwald beheimateten Marke. Stein macht weiter, Keller stieg zwischenzeitlich aus und ging in den Vorruhestand, wie er selbst sagt. Am künftig gleichbleibenden Erfolg des Gins wird das nichts mehr ändern.

Botanicals

Insgesamt kommen 47 Botanicals zum Tragen, von denen 43 bekannt sind. Alle aufzuzählen würde den Rahmen sprengen, besonders prominent treten neben Wacholder etwa Preiselbeeren, Jasmin, Zitrone, Lavendel und Fichtensprossen zutage.

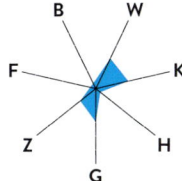

MOUNTAIN G DRY GIN

BUNDESLAND
BAYERN

HERSTELLER
ALLGÄU-BRENNEREI
GÜNTHER GMBH

ERSCHEINUNGSJAHR
2015

ALKOHOLGEHALT
40 % VOL.

ANZAHL BOTANICALS
6

PREIS
14,95 € / 0,5 L

PASSENDES TONIC
THOMAS HENRY

PASSENDES GARNISH
LIMETTENZESTE

PASSENDER COCKTAIL
GIN BASIL SMASH

LINE EXTENSIONS
KEINE

Die Geschichte der Allgäu-Brennerei in Sulzberg bei Kempten im Allgäu beginnt vor nunmehr über einem Jahrhundert im Jahre 1914. Der Betrieb ist inzwischen in vierter Generation im Familienbesitz. Neben einem breiten Portfolio von Obstbränden und regionalen Spezialitäten wie Enzian, Blut- und Bärwurz stellt die Allgäu-Brennerei auch Whisky und eben einen Gin her. Benannt nach dem Berg Grünten, der auch der Wächter des Allgäus genannt wird, kommt der Mountain G in einer verhältnismäßig unspektakulären Aufmachung daher und erstaunt mit seinem günstigen Preis.

Botanicals
Leider verrät die Brennerei nicht, welche fünf Botanicals neben dem Wacholder verwendet werden.

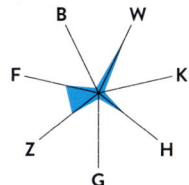

MÜRITZ GIN

BUNDESLAND
MECKLENBURG-VORPOMMERN

HERSTELLER
GENUSSWUNDER GBR

ERSCHEINUNGSJAHR
2016

ALKOHOLGEHALT
45,5 % VOL.

ANZAHL BOTANICALS
21

PREIS
32,00 € / 0,5 L

PASSENDES TONIC
THOMAS HENRY

PASSENDES GARNISH
ORANGENZESTE

PASSENDER COCKTAIL
NEGRONI

LINE EXTENSIONS
KEINE

Thomas Engels und Jens-Peter Schaffran betreiben zusammen die Manufaktur Genusswunder in Waren an der Müritz, die den Müritz Gin herstellt. Die Wacholderbeeren für ihren Gin bekommen sie aus dem Müritz-Nationalpark. Die Genusswunder GbR ist ein offizieller Partnerbetrieb des Nationalparks und unterstützt die Parkverwaltung bei der Erhaltung der Nationalpark-Region. Die Wacholderheide ist eine historische Kulturlandschaft im Müritz-Nationalpark, die im Rahmen eines alljährlichen Arbeitseinsatzes im Winter zurückgeschnitten wird, wobei die Wachholderbeeren für den Gin abfallen. Mitte 2018 hat der Müritz Gin einen kleinen Bruder bekommen, den Hanse Gin. Dieser wird allerdings nicht mit Wacholderbeeren aus dem Nationalpark hergestellt.

Botanicals
Alle 21 Botanicals werden nicht verraten, bekannt sind aber Wacholder, Sanddornbeere, Koriander, Zitronenschale, Kamille, Zimtrinde, Veilchenwurzel, Paradieskörner, Angelikawurzel und Lavendelblüte.

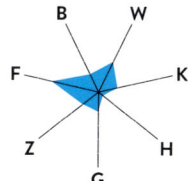

MUSCATEL DISTILLED GIN

Die Seele und das namensgebende Element des Muscatel Distilled Gins ist Gelber Muskateller. Die vier Menschen, die hinter diesem Gin stecken, verbindet eine Affinität zu Wein, und der Gelbe Muskateller war immer ihr favorisierter Weißwein auf jeder Art von Familienfeier. Die vier sind Pascal Hedrich, seine Schwester Laura, Pascals beste Freundin Maren und deren Freund Christopher. An der GmbH, die die vier gegründet haben, hat sich auch der Moderator und Schauspieler Joko Winterscheidt finanziell beteiligt.

Botanicals

Wacholder, Holunderblüte, Iriswurzel, Schnittlauch, Kamille, Muskatellersalbei, Pimpinelle, Bitterorangenschale, Orangenschale, Koriander, Spitzwegerich sowie Zitwerwurzel.

BUNDESLAND
RHEINLAND-PFALZ

HERSTELLER
A WITCH, A DRAGON
AND ME GMBH

ERSCHEINUNGSJAHR
2016

ALKOHOLGEHALT
44 % VOL.

ANZAHL BOTANICALS
12

PREIS
39,90 € / 0,5 L

PASSENDES TONIC
FEVER-TREE INDIAN TONIC

PASSENDES GARNISH
ORANGENZESTE

PASSENDER COCKTAIL
WHITE LADY

LINE EXTENSIONS
MUSCATEL SLOE GIN
MUSCATEL DRAGON'S CUT

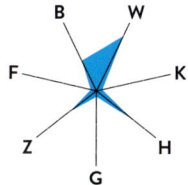

NAKED GIN

Daniel Wartacz aus Bonn trinkt gerne Gin pur, ohne Tonic Water – also »naked«. Aus dieser Vorliebe entstand der Anspruch des Halbschweden an seinen Gin: Er sollte auch ohne Bitterlimonade großen Genuss bieten. So wird der naked GiN nun in kleinen Batches von 290 Flaschen hergestellt. Auf jeder Flasche wird dabei der Name einer der 290 Gemeinden in Schweden, Wartacz' zweiter Heimat, festgehalten und ein kleines Wachssiegel von Hand auf dem Etikett angebracht.

Botanicals
Wacholder, Lavendel, Schlehe, schwarzer Pfeffer und Ingwer – mehr wird nicht verraten.

BUNDESLAND
NORDRHEIN-WESTFALEN

HERSTELLER
BONNER MANUFAKTUR. UG

ERSCHEINUNGSJAHR
2015

ALKOHOLGEHALT
42 % VOL.

ANZAHL BOTANICALS
21

PREIS
59,00 € / 0,5 L

PASSENDES TONIC
FEVER-TREE INDIAN TONIC

PASSENDES GARNISH
ORANGENZESTE

PASSENDER COCKTAIL
DRY MARTINI

LINE EXTENSIONS
KEINE

N

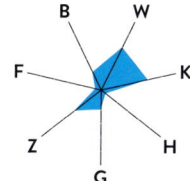

NEEDLE BLACKFOREST GIN

BUNDESLAND
BADEN-WÜRTTEMBERG

HERSTELLER
BIMMERLE KG

ERSCHEINUNGSJAHR
2017

ALKOHOLGEHALT
40 % VOL.

ANZAHL BOTANICALS
10

PREIS
11,99 € / 0,5 L

PASSENDES TONIC
THOMAS HENRY

PASSENDES GARNISH
ZITRONENZESTE

PASSENDER COCKTAIL
NEGRONI

LINE EXTENSIONS
KEINE

Das namensstiftende Botanical im Needle Gin ist die Gemeine Fichte, deren Nadeln verarbeitet werden. Das in den Sechzigerjahren gegründete Unternehmen Bimmerle KG in Achern-Mösbach zwischen Offenburg und Rastatt im Schwarzwald, das den Needle Gin herstellt, ist wahrlich kein kleiner Betrieb. Hier werden unter dem Markennamen Lörch auch Obstbrände hergestellt, und die Unternehmensgruppe hat inzwischen etwa 1.600 Mitarbeiter. Der Needle Gin ist häufig in Supermärkten und Discountern zu finden. Der hohen Auflage ist es wohl zu verdanken, dass er zu einem unschlagbar günstigen Preis bei dennoch beachtlicher Qualität erhältlich ist.

Botanicals

Wacholder, Fichtennadel, Piment, Lavendel, Ingwer, Zimt, Zitrone und Orange. Hinzu kommen noch drei weitere, geheime Botanicals.

N

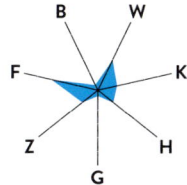

NEEKA GIN

Nur fünf Botanicals werden bei der Herstellung dieses Gins verwendet. Jedem davon wird ein Adjektiv zugeschrieben, und deren Anfangsbuchstaben bilden dann den Namen des Gins. Dabei steht die Mandarine für »neugierig«, der Wacholder für »echt«, das Zitronengras für »entschlossen«, der Kardamom für »kraftvoll« und die Kamille für »anders« – zusammen also »neeka«. Das tonangebende Botanical ist hier die Mandarine. Gebrannt wird der Gin von der Schwarzwälder Brennerei Wild in Gengenbach bei Offenburg, in der schon seit 1855 destilliert wird.

Botanicals

Mandarine, Wacholder, Zitronengras, Kardamom und Kamille.

BUNDESLAND
BADEN-WÜRTTEMBERG

HERSTELLER
NEEKA GMBH

ERSCHEINUNGSJAHR
2017

ALKOHOLGEHALT
40 % VOL.

ANZAHL BOTANICALS
5

PREIS
42,00 € / 0,5 L

PASSENDES TONIC
FEVER-TRFF INDIAN TONIC

PASSENDES GARNISH
ORANGENSCHALE

PASSENDER COCKTAIL
WHITE LADY

LINE EXTENSIONS
NEEKAOAK (FASSGELAGERT)

N

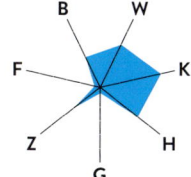

NIEMAND DRY GIN

BUNDESLAND
NIEDERSACHSEN

HERSTELLER
NIEMAND DRY GIN UG

ERSCHEINUNGSJAHR
2015

ALKOHOLGEHALT
46 % VOL.

ANZAHL BOTANICALS
10

PREIS
36,99 € / 0,5 L

PASSENDES TONIC
FEVER-TREE INDIAN TONIC

PASSENDES GARNISH
ORANGENZESTE

PASSENDER COCKTAIL
NEGRONI

LINE EXTENSIONS
KEINE

Natürlich fordert der Name dieses Gins zu Wortspielereien auf. Und auch die auffällige rosafarbene Flasche, die zuweilen schon Assoziationen an die Kosmetikbranche hervorruft, sorgt für Aufmerksamkeit. Das sollte aber auf keinen Fall vom durchaus gelungenen Gin der beiden Hannoveraner Sebastian Otto und Torben Paradiek ablenken. Ihr Gin kann zwar nicht mit einer langen Geschichte aufwarten, sie können kein wiederentdecktes Rezept des Großvaters vorweisen, aber dafür finden sich darin Botanicals, die in der Ginherstellung so gut wie noch nie zum Einsatz kamen, wie z. B. Sandelholz.

Botanicals

Wacholder, Rosmarin, Sandelholz, Lavendel, Vanille, Apfel, Zimt, Ingwer, Pinienkerne und Koriander.

N

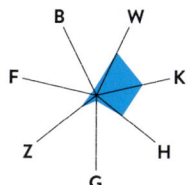

O49
ORGANIC GIN

Der O49 Organic Gin kommt aus dem Osnabrücker Land. Die Heimatverbundenheit zeigt sich schon im Namen: O für Osnabrück – oder Organic –, die 49 für die ersten beiden Ziffern der Postleitzahl Osnabrücks – oder den Alkoholgehalt. Die beiden Initiatoren des Gins, Rene Strothmann und Michael Sander, kommen beruflich aus einer ganz anderen Branche, wollten aber mit dem O49 (gesprochen »O-forty-nine«) ihre Idealvorstellung von einem Gin in die Flasche bringen. Gebrannt wird der O49 in der Destillerie Dwersteg in Steinfurt, die schon seit 1996 einen Teil ihrer Liköre und Spirituosen vollständig aus biologischen und fair gehandelten Rohstoffen herstellt.

Botanicals
Wacholder, Hopfenblüte und Salbei – mehr als diese drei verrät der Hersteller nicht.

BUNDESLAND
NIEDERSACHSEN

HERSTELLER
SPIRIT 49 GMBH

ERSCHEINUNGSJAHR
2014

ALKOHOLGEHALT
49 % VOL.

ANZAHL BOTANICALS
11

PREIS
39,90 € / 0,7 L

PASSENDES TONIC
THOMAS HENRY

PASSENDES GARNISH
ORANGENZESTE

PASSENDER COCKTAIL
DRY MARTINI

LINE EXTENSIONS
KEINE

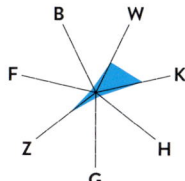

PETE'S YELLOW DRY GIN

BUNDESLAND
HESSEN

HERSTELLER
PETER JOBELIUS E. K.

ERSCHEINUNGSJAHR
2015

ALKOHOLGEHALT
47 % VOL.

ANZAHL BOTANICALS
6

PREIS
26,80 € / 0,5 L

PASSENDES TONIC
SCHWEPPES DRY TONIC

PASSENDES GARNISH
ORANGENZESTE

PASSENDER COCKTAIL
GIN BASIL SMASH

LINE EXTENSIONS
KEINE

Pete hieß mit bürgerlichem Namen eigentlich Peter Jobelius und kam nicht aus dem fernen Amerika, sondern aus Valwig bei Cochem an der Mosel, wo er 1953 einen Spirituosenhandel gründete. Im Laufe der Zeit kam noch eine Spirituosenmanufaktur zum Betrieb dazu, ursprünglich mit der Intention, einen lokalen Edelbitter am Leben zu erhalten, nachdem der Hersteller in den Ruhestand gegangen war. Inzwischen hat den Betrieb Peters Enkel Daniel Jobelius übernommen. Die zarte strohgelbe Färbung erhält der Pete's Yellow Dry Gin durch einen Safran-Extrakt.

Botanicals

Wacholder, Basilikum, Orangenschale, Ingwer, Koriander und Safran.

P

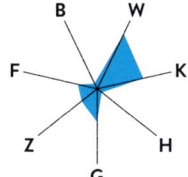

PROTOTYP LONDON DRY GIN 2.0

BUNDESLAND
HAMBURG

HERSTELLER
HEINR. VON HAVE
GMBH & CO. KG

ERSCHEINUNGSJAHR
2014

ALKOHOLGEHALT
47,5 % VOL.

ANZAHL BOTANICALS
NICHT BEKANNT

PREIS
39,95 € / 0,5 L

PASSENDES TONIC
THOMAS HENRY

PASSENDES GARNISH
ZITRONENZESTE

PASSENDER COCKTAIL
GIN BASIL SMASH

LINE EXTENSIONS
KEINE

Der Prototyp London Dry Gin kommt aus Hamburgs ältester Weinkellerei und Spirituosenmanufaktur Heinrich von Have, die 1868 in Hamburg-Bergedorf gegründet wurde und sich unter anderem mit Rotspon aus Hamburg, ihren Likören oder erst kürzlich mit einem Falernum einen Namen gemacht hat. Bereits im Dezember 1958 brannte man hier erstmals ein Gin-Destillat. Mehr als ein halbes Jahrhundert später wurde dieser Gin nun anhand des ursprünglichen Rezeptes unter dem Namen Prototyp 2.0 neu aufgelegt und ein wenig weiter verfeinert. Alle verwendeten Botanicals und der Neutralalkohol stammen aus biologischem Anbau, und daher ist auch der Gin biozertifiziert.

Botanicals
Welche Botanicals in diesem Prototyp Verwendung finden, verrät uns der Hersteller leider nicht.

P

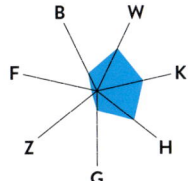

PRÜTT
KAFFEE GIN

Prütt ist im Westfälischen der Ausdruck für Kaffeesatz. Das Programm findet sich also schon im Namen, denn das entscheidende Botanical im Prütt Gin ist der Kaffee. Beste Bohnen aus Äthiopien und Papua-Neuguinea werden dafür eigens von der kleinen Kaffeerösterei Herr Hase bei Münster frisch geröstet. Die Destillation erfolgt in der Feinbrennerei Sasse in Schöppingen, etwa 35 Kilometer nordwestlich von Münster. Dort wird auch der Weizenfeinbrand aus Bioweizen hergestellt, der anstelle des sonst üblicherweise zugekauften, industriell hergestellten Neutralalkohols die Basis für den Prütt Gin bildet.

Botanicals
Wacholder, Zitrone, Orangenblüte, Lavendel, Kalmuswurzel, Kaffee, Rosmarin, Minze und weitere Botanicals, die aber geheim bleiben.

BUNDESLAND
NORDRHEIN-WESTFALEN

HERSTELLER
KAFFEE GIN MÜNSTER GBR

ERSCHEINUNGSJAHR
2017

ALKOHOLGEHALT
45 % VOL.

ANZAHL BOTANICALS
12

PREIS
29,90 € / 0,5 L

PASSENDES TONIC
FEVER-TRFF INDIAN TONIC

PASSENDES GARNISH
ZITRONENZESTE

PASSENDER COCKTAIL
WHITE LADY

LINE EXTENSIONS
KEINE

P

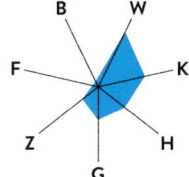

RARITAS JUNIPER EDITION 2015

BUNDESLAND
BAYERN

HERSTELLER
LANTENHAMMER
DESTILLERIE GMBH

ERSCHEINUNGSJAHR
2015

ALKOHOLGEHALT
46 % VOL.

ANZAHL BOTANICALS
CUVÉE

PREIS
44,90 € / 0,7 L

PASSENDES TONIC
FEVER-TREE INDIAN TONIC

PASSENDES GARNISH
KEINES

PASSENDER COCKTAIL
NEGRONI

LINE EXTENSIONS
KEINE

Der Raritas Juniper ist eine Koproduktion und ein außergewöhnliches Gin-Experiment dreier bayerischer Gin-Hersteller, nämlich Lantenhammer, Penninger und The Duke. Die Idee dazu hatte zunächst der Lantenhammer-Brennmeister Tobias Maier. Die Mischung aus Bavarka Gin (Lantenhammer), Granit Bavarian Gin (Penninger) und The Duke Gin wird acht Monate lang in Sauternes-Fässern gelagert, wodurch sich eine warme goldgelbe Farbe und ein facettenreiches Aroma entwickeln. Diese Lagerung und die Abfüllung des Raritas Juniper erfolgte in der Lantenhammer Destillerie am Schliersee, weshalb diese offiziell als Hersteller firmiert. Es wurden für die Edition 2015 nur 5115 Flaschen abgefüllt.

Botanicals
Beim Raritas Juniper handelt es sich um eine Cuvée von drei Gins. Die Aufzählung der in diesen einzelnen Gins verwendeten Botanicals wäre hier wenig sinnvoll.

R

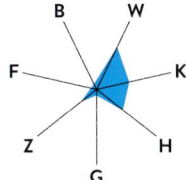

SCHMITTMANN 1818

Die Edelbrennerei Schmittmann in Düsseldorf-Niederkassel kann auf bereits zweihundert Jahre Firmengeschichte zurückblicken, gegründet wurde sie 1818. Schon vor mehr als fünfzig Jahren wurde in der Brennerei Gin hergestellt. Die Rezepte waren noch vorhanden und wurden für die Neuauflage verfeinert. Statt zugekauften Neutralalkohol verwendet die Brennerei einen selbst hergestellten Getreidebrand, der zuvor ein Jahr in alten Eichenfässern reift. Ursprünglich war mal angedacht, den Gin nach seiner Heimat »Düsseldorfer Gin« zu nennen. Dann hat man sich aber für Schmittmann 1818 entschieden und nahm damit Bezug auf das Gründungsdatum der Brennerei.

Botanicals
Außer Wacholder und Schalen von Zitrusfrüchten verrät der Hersteller nichts.

BUNDESLAND
NORDRHEIN-WESTFALEN

HERSTELLER
SCHMITTMANN GMBH

ERSCHEINUNGSJAHR
2013

ALKOHOLGEHALT
40 % VOL.

ANZAHL BOTANICALS
24

PREIS
29,95 € / 0,7 L

PASSENDES TONIC
FEVER-TREE
MEDITERRANEAN TONIC

PASSENDES GARNISH
ZITRONENZESTE

PASSENDER COCKTAIL
NEGRONI

LINE EXTENSIONS
KEINE

S

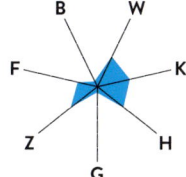

SEARS CUTTING EDGE GIN

BUNDESLAND
NORDRHEIN-WESTFALEN

HERSTELLER
MBG INTERNATIONAL
PREMIUM BRANDS GMBH

ERSCHEINUNGSJAHR
2013

ALKOHOLGEHALT
44 % VOL.

ANZAHL BOTANICALS
18

PREIS
19,49 € / 0,7 L

PASSENDES TONIC
FEVER-TREE INDIAN TONIC

PASSENDES GARNISH
ORANGENZESTE

PASSENDER COCKTAIL
NEGRONI

LINE EXTENSIONS
KEINE

Der Sears Cutting Edge Gin hat keine große Geschichte. Er wird von der MBG International Premium Brands GmbH aus Paderborn hergestellt, einer in der Getränkeindustrie international tätigen Firma mit etwa 250 Mitarbeitern. Ob der vielbeschworene Cutting Edge Process®, das Schneiden der Botanicals mit besonders scharfen Messern, tatsächlich einen entscheidenden Einfluss auf die Qualität des Gins hat oder ob es sich dabei mehr um eine Marketingidee handelt, soll an dieser Stelle nicht beurteilt werden.

Botanicals
Wacholder, Koriander, Bergamotte – mehr verrät der Hersteller nicht.

S

0.7L
44 % vol.
L-SGIN3
Edelbrände Senft
Dorfbachstrasse 10
88682 Salem-Rickenbach
T +49 75 53 / 88 31
www.edelbraende-senft.de

42
BODENSEE
DRY

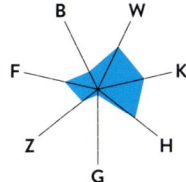

SENFT DRY GIN 42

Der Senft 42 stammt aus einer familiengeführten Brennerei in Salem am Bodensee. Diese ist noch vergleichsweise jung. Erst 1987 wurde sie von Herbert Senft gegründet. Einen Namen hat sich die Brennerei mit ihren Obstdestillaten und auch mit Whisky gemacht. Wie man, wenn man es denn weiß, am Namen dieses Gins erkennen kann, verwendet Herbert Senft 42 Botanicals – und für den Senft 21, den zweiten Gin im Portfolio der Brennerei, der übrigens schon seit 2014 auf dem Markt ist, folglich 21.

Botanicals
Von den 42 Botanicals verrät die Brennerei Wacholder, Enzian- und Angelikawurzel, Paradieskörner, Zimtbaumrinde, Pfeffer, Orangen- und Zitronenschale, Koriander, Iriswurzel, Piniennadeln, Tausendgüldenkraut und Ingwer.

BUNDESLAND
BADEN-WÜRTTEMBERG

HERSTELLER
EDELBRÄNDE SENFT
GMBH & CO. KG

ERSCHEINUNGSJAHR
2016

ALKOHOLGEHALT
44 % VOL.

ANZAHL BOTANICALS
42

PREIS
31,00 € / 0,7 L

PASSENDES TONIC
SCHWEPPES DRY TONIC

PASSENDES GARNISH
ORANGENZESTE

PASSENDER COCKTAIL
NEGRONI

LINE EXTENSIONS
SENFT DRY GIN 21

S

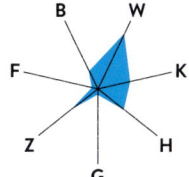

SIEGFRIED RHEINLAND DRY GIN

BUNDESLAND
NORDRHEIN-WESTFALEN

HERSTELLER
RHEINLAND
DISTILLERS GMBH

ERSCHEINUNGSJAHR
2014

ALKOHOLGEHALT
41 % VOL.

ANZAHL BOTANICALS
18

PREIS
29,90 € / 0,5 L

PASSENDES TONIC
FEVER-TREE INDIAN TONIC

PASSENDES GARNISH
GRAPEFRUITZESTE

PASSENDER COCKTAIL
WHITE LADY

LINE EXTENSIONS
SIEGFRIED GIN DISTILLER'S CUTS
SIEGFRIED GIN BEEF! CUT
LIMITED ART EDITIONS

Der Siegfried Gin ist ein klassischer Fall einer Schnapsidee. Die beiden Gründer der Rheinland Distillers, Raphael Vollmar und Gerald Koenen, wollten eine Spirituose erschaffen, in die ihre ganze Passion für Genuss und Design sowie ihr Lokalpatriotismus einfließen konnten. Bei der Kreation hatten sie sich zum Ziel gesetzt, einen modernen, komplexen Gin zu erschaffen, der dabei nicht in eine geschmackliche Nische abdriftet. Die Verbindung zwischen Markennamen und Destillat wird durch die Verwendung von Lindenblüten geschaffen, die dem Gin seinen unverwechselbaren Charakter verleihen. Für die Umsetzung holten sie sich mit P. J. Schütz von der Eifel-Destillerie in Lantershofen, wenige Kilometer südlich von Bonn, einen echten Profi ins Boot.

Botanicals

Wacholder, Lavendel, Lindenblüte, Thymian, Pomeranze, Angelikawurzel, Ingwer und Kardamom – der Rest bleibt geheim.

S

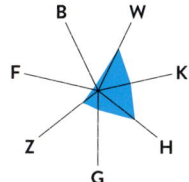

SIMON'S PEPPER GIN

BUNDESLAND
BAYERN

HERSTELLER
SEVERIN SIMON

ERSCHEINUNGSJAHR
2016

ALKOHOLGEHALT
51,5 % VOL.

ANZAHL BOTANICALS
13

PREIS
36,00 € / 0,35 L

PASSENDES TONIC
SCHWEPPES INDIAN TONIC

PASSENDES GARNISH
ZITRONENZESTE

PASSENDER COCKTAIL
DRY MARTINI

LINE EXTENSIONS
SIMON'S PURE GIN
SIMON'S SAUERKIRSCH GIN
SIMON'S SOMMERGARTEN GIN
SIMON'S TABACO GIN

Seit 1707 bewohnen und bewirtschaften die Simons ihr Stückchen Land in Alzenau in Unterfranken. Darauf errichtete Johann Simon mit dem Erwerb des Brennrechtes 1879 eine Brennerei. Seit 2008 macht nun Severin Simon mit seinen Destillaten von sich reden. Neben Whisky, Rum, Obstbränden und Likören gibt es eine beachtliche Anzahl von verschiedenen Gins im Portfolio. Manchmal sind das eher ungewöhnliche Gins, wie der Tabaco Gin oder der Sauerkirsch Gin. Oder eben der Pepper Gin: In Zusammenarbeit mit dem Gewürzexperten Ingo Holland vom Alten Gewürzamt hat Severin Simon unter Verwendung der edelsten Pfeffersorten einen ganz besonderen Gin destilliert.

Botanicals
Abgesehen von mehreren Pfeffersorten verrät der Hersteller nicht, welche Botanicals Verwendung finden.

S

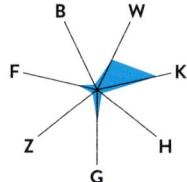

SKIN GIN

Der Name dieses Gins wurde nicht etwa gewählt, weil sich Skin so schön auf Gin reimt, sondern weil sich die inzwischen vielen unterschiedlichen Folien wie eine zweite Haut an das Glas der eckigen Flaschen schmiegen. Mittlerweile gibt es sehr viele Varianten, da Skin Gin auch als Eigeneditionen erhältlich ist. So gibt es auch Flaschen, die der Name von Automarken oder Spirituosenhändlern ziert. Wichtig zu wissen ist aber, dass in den vielen verschieden designten Flaschen immer der gleiche Gin ist, bei dem das tonangebende Botanical Marokkanische Minze ist. Außer natürlich bei der Cask Edition, einem zwölf Monate in einem Weinfass gelagerten Gin, der zudem mit 51 % Vol. abgefüllt wird.

Botanicals
Wacholder, Marokkanische Minze, Pink Grapefruit, Zitrone, Orange, Limette und Koriander.

S

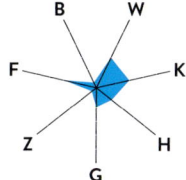

SPITZMUND GIN

BUNDESLAND
SCHLESWIG-HOLSTEIN

HERSTELLER
SPITZMUND

ERSCHEINUNGSJAHR
2014

ALKOHOLGEHALT
47 % VOL.

ANZAHL BOTANICALS
NICHT BEKANNT

PREIS
34,90 € / 0,5 L

PASSENDES TONIC
THOMAS HENRY

PASSENDES GARNISH
ZITRONENZESTE

PASSENDER COCKTAIL
NEGRONI

LINE EXTENSIONS
SPITZMUND SHERRY
CASK RESERVE
SPITZMUND ROSÉ

Der Spitzmund Gin aus der schleswig-holstei-
nischen Landeshauptstadt Kiel hat sozusagen
einen Vorfahren. Andreas Werner, der Betreiber der Kieler Cocktailbar Trafo, hat bereits
2013 einen Gin unter anderem Namen herausge-
bracht, mit diesem aber dann 2014 einen kom-
pletten Neustart gewagt. Neuer Name, neues
Label, neue Flasche – unverändertes Rezept.
Im Spitzmund Gin, der von Ralf Stelzer in der
Destillerie Altenhof bei Eckernförde gebrannt
wird, steckt viel Handarbeit. So wird jede der
schwarzen Steingutflaschen von Hand abgefüllt
und mit der Batch-Nummerierung versehen.

Botanicals

Wacholder, Koriander, Apfel, Orange, Pflaume,
Zitrone, Muskatblüte und Haselnuss.

S

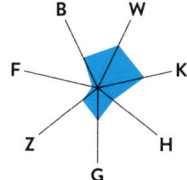

STAUFFENBERG DRY GIN

BUNDESLAND
BAYERN

HERSTELLER
FRANZ VON
STAUFFENBERG

ERSCHEINUNGSJAHR
2013

ALKOHOLGEHALT
47 % VOL.

ANZAHL BOTANICALS
18

PREIS
54,00 € / 0,5 L

PASSENDES TONIC
FENTIMANS

PASSENDES GARNISH
LIMETTENZESTE

PASSENDER COCKTAIL
WHITE LADY

LINE EXTENSIONS
STAUFFENBERG SLOE GIN
STAUFFENBERG AGED GIN

Franz von Stauffenberg übernahm die familieneigene Brennerei Schenk von Stauffenberg in Jettingen ohne Vorkenntnisse. Zum Glück gab es einen alten Mann, der die Brennerei am Leben hielt – sonst hätte womöglich das Brennrecht wegfallen können – und der sein Wissen an von Stauffenberg weiterreichte. Das Destilliergerät der Brennerei ist sehr alt, die Kupferbrennblase stammt aus den 1930er-Jahren und wird mit Holz befeuert. Wie das Gerät funktioniert, hat er seinem Nachfolger langsam beigebracht. Da er sich aber nur mit Zwetschgen auskannte und keine anderen Früchte brennen wollte, musste sich von Stauffenberg in bester Autodidakten-Manier vieles selbst beibringen und konnte 2008 schließlich seinen ersten Fruchtbrand herstellen.

Botanicals
Bekannt sind Wacholder, Koriander, Lavendel, Nelke, Zitronenmelisse, Orange, Zitrone und Ingwer.

S

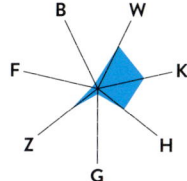

STEINHAUSER SEEGIN

BUNDESLAND
BADEN-WÜRTTEMBERG

HERSTELLER
STEINHAUSER GMBH

ERSCHEINUNGSJAHR
2013

ALKOHOLGEHALT
48 % VOL.

ANZAHL BOTANICALS
NICHT BEKANNT

PREIS
39,95 € / 0,7 L

PASSENDES TONIC
FEVER-TREE INDIAN TONIC

PASSENDES GARNISH
ORANGENZESTE

PASSENDER COCKTAIL
WHITE LADY

LINE EXTENSIONS
SEEGIN IM GRAND-
MARNIER-FASS GEREIFT

Die Anfänge der Brennerei Steinhauser in Kressbronn am Bodensee reichen bis ins Jahr 1828 zurück, doch wo einmal eine kleine Brennerei stand, befindet sich heute eine der modernsten Brennereianlagen Europas. Mit der Übernahme durch Martin Steinhauser brach für die kleine Hausbrennerei 1985 endgültig eine neue Ära an, und sie wurde in einen Großbetrieb verwandelt, in dem inzwischen 30 Mitarbeiter tätig sind. Neben den traditionellen Obst- und Edelbränden wird hier seit 2008 auch Whisky gebrannt. Der SeeGin Bodensee Dry Gin hat bei der International Wine and Spirits Competition 2014 die Auszeichnung »Gold Outstanding« erhalten – eine nicht sehr häufig vergebene Auszeichnung.

Botanicals
Wacholder, Zitronengras, Melisse, Zitronenpfeffer, Orange und Zitrone. Ob dies eine abschließende Aufzählung ist, kann man nicht sagen – der Hersteller hüllt sich bezüglich des Rezeptes in Schweigen.

S

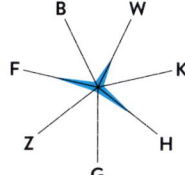

STOBBE 1776 BLACK CURRANT GIN

BUNDESLAND
BAYERN

HERSTELLER
UTA STOBBE

ERSCHEINUNGSJAHR
2014

ALKOHOLGEHALT
43 % VOL.

ANZAHL BOTANICALS
6

PREIS
33,00 € / 0,5 L

PASSENDES TONIC
SCHWEPPES DRY TONIC

PASSENDES GARNISH
ORANGENZESTE

PASSENDER COCKTAIL
WHITE LADY

LINE EXTENSIONS
STOBBE 1776 BASEMENT
(FASSGEREIFT)
STOBBE 240 FASSFÜLLUNG

Stobbe ist einer der ältesten Wacholderbrände Deutschlands. Bis zum Jahre 1714 reichen die Anfänge der Brennerei in Tiegenhof bei Danzig, heute Nowy Dwór Gdański, zurück. Und im Jahr 1776 schließlich wurde sie von dem aus Holland stammenden Peter Stobbe gekauft. Bekannt war der Wacholderschnaps in der Region unter dem Namen Machandel, der niederdeutschen Bezeichnung für Wacholder. Nach den Wirren der Kriege des 20. Jahrhunderts ging die Zeit für Stobbe bei Danzig zu Ende. 2014 kaufte Uta Stobbe die Marke zurück und brachte gemeinsam mit der Brennerei Marder aus dem Schwarzwald den Stobbe Gin ins Leben zurück.

Botanicals
Wacholder, Schwarze Johannisbeere und Bergamotte – die restlichen drei Botanicals bleiben geheim.

S

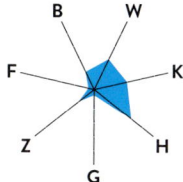

SUERLAENNER 1113

Die Destillerie 1113 steht im Dörfchen Nehden im Hochsauerlandkreis südlich von Paderborn, dessen Ursprünge auf das Jahr 1113 zurückgehen. Die Brennerei wurde neunhundert Jahre später, also 2013, von Thomas Fiedler gegründet. Hier hat er den Suerlaenner Hof gekauft, entkernt und aufwendig saniert. In der neu erbauten Brennerei werden auf zwei Destillieranlagen aus dem Hause Arnold Holstein mit 300 und 80 Litern Fassungsvermögen Liköre, Obstbrände und -geiste und eben Gin hergestellt.

Botanicals
Die Rezeptur ist leider geheim.

BUNDESLAND
NORDRHEIN-WESTFALEN

HERSTELLER
THOMAS FIEDLER

ERSCHEINUNGSJAHR
2017

ALKOHOLGEHALT
44 % VOL.

ANZAHL BOTANICALS
20

PREIS
39,00 € / 0,5 L

PASSENDES TONIC
FEVER-TREE INDIAN TONIC

PASSENDES GARNISH
ZITRONENZESTE

PASSENDER COCKTAIL
GIN BASIL SMASH

LINE EXTENSIONS
KEINE

S

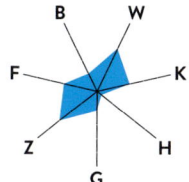

SÜNNER DRY GIN NO. 260

In der Sünner Brauerei in Köln-Kalk wird natürlich Kölsch gebraut, aber auch einmal im Jahr unter Aufsicht der Bundeszollverwaltung ein 95-prozentiger Neutralalkohol aus Weizen hergestellt. Dieser ist dann nicht nur die Grundlage für die anderen Spirituosen des Hauses, sondern auch für den Sünner Gin. In der Gin-Herstellung kommt es nur noch sehr selten vor, dass der Neutralalkohol vor Ort hergestellt und nicht zugekauft wird. Im Neutralalkohol werden Lavendel, Zitronenschalen und Bitterorangenschalen mazeriert. Nachdem diese Maische destilliert wurde, werden erst vor der dritten Destillation frische Wacholderbeeren aus der Toskana zugegeben. Das Ergebnis beweist, dass man mit wenigen Botanicals und gemäßigtem Aufwand ein hervorragendes Produkt herstellen kann.

Botanicals

Wacholder, Lavendel, Zitronenschalen und Bitterorangenschale.

BUNDESLAND
NORDRHEIN-WESTFALEN

HERSTELLER
GEBR. SÜNNER
GMBH & CO. KG

ERSCHEINUNGSJAHR
2012

ALKOHOLGEHALT
43 % VOL.

ANZAHL BOTANICALS
4

PREIS
19,99 € / 0,7 L

PASSENDES TONIC
SCHWEPPES INDIAN TONIC

PASSENDES GARNISH
ZITRONENZESTE

PASSENDER COCKTAIL
WHITE LADY

LINE EXTENSIONS
SÜNNER STRENGTH
SÜNNER DIAMANT

S

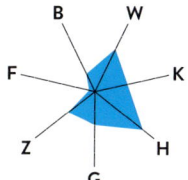

BUNDESLAND
BAYERN

HERSTELLER
MAXIMILIAN
VON PÜCKLER

ERSCHEINUNGSJAHR
2008

ALKOHOLGEHALT
45 % VOL.

ANZAHL BOTANICALS
13

PREIS
29,90 € / 0,7 L

PASSENDES TONIC
FENTIMANS

PASSENDES GARNISH
ORANGENZESTE

PASSENDER COCKTAIL
NEGRONI

LINE EXTENSIONS
THE DUKE ROUGH GIN
THE DUKE WANDERLUST GIN

Den Duke Gin aus München darf man guten Gewissens ein Urgestein unter den deutschen Gins nennen. 2008 wurden in Deutschland erst wenige Gins hergestellt, und eine Betätigung in diesem Spirituosensegment setzte noch etwas Pioniergeist voraus. So war die erste Destille in der Münchner Maxvorstadt, auf einem Hinterhof gelegen, noch sehr beengt, und mit dem einsetzenden Erfolg des Duke Gins erreichte man dort schnell die Kapazitätsgrenze. Spätestens mit dem Umzug in eine Destille in Aschheim bei München im Jahr 2016 war der Duke endgültig aus den Kinderschuhen heraus. Eine besondere Heimatnote bekommt er durch die Zugabe der wichtigen Bierzutaten Hopfen und Malz.

Botanicals
Wacholder, Hopfenblüte, Malz, Kümmel, Koriander, Kubebenpfeffer, Zitronenschale, Angelikawurzel, Ingwer, Zimt, Lavendel- und Orangenblüte. Ein einziges, wohl besonders spezifisches Gewürz wird nicht verraten.

T

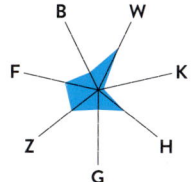

THE KING GIN

Seit 2008 gibt es die Destillerie Schusterhof in Neufahrn, nördlich von München, in der Obstbrände und Liköre hergestellt werden, die regelmäßig Auszeichnungen bei der Bayerischen Obstbrandprämierung erhalten. Betrieben wird sie von den Brüdern Reinhold und Richard Lindermeier. Reinholds Sohn Dario hat den King Gin auf den Markt gebracht. Drei Jahre hat er für die Entwicklung des Rezeptes gebraucht. Das ist nicht wirklich verwunderlich, hatte er doch mehr als fünfzig Botanicals unter einen Hut zu bringen.

Botanicals
Mehr als 50 Botanicals – verraten werden aber nur Wacholder, Holunder, Koriander, Schalen von Zitrone, Limette sowie Orange, Ingwer, Angelikawurzel, Kardamom und Tonkabohne.

BUNDESLAND
BAYERN

HERSTELLER
DARIO LINDERMEIER

ERSCHEINUNGSJAHR
2015

ALKOHOLGEHALT
45 % VOL.

ANZAHL BOTANICALS
MEHR ALS 50

PREIS
49,50 € / 0,5 L

PASSENDES TONIC
SCHWEPPES INDIAN TONIC

PASSENDES GARNISH
ZITRONENZESTE

PASSENDER COCKTAIL
WHITE LADY

LINE EXTENSIONS
THE KING GIN GSPUSI

T

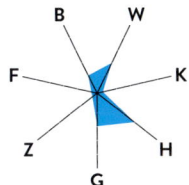

TONKA GIN

Es war dieser Moment auf einer Reise durch Spanien. Dort wurde Daniel Soumikh über den bestellten Gin Tonic frische Tonkabohne gerieben. Von diesem Zeitpunkt an arbeitete er fast zwei Jahre lang an der Umsetzung seines Tonka Gins. Mit der Obstbrennerei Schwechow in Mecklenburg-Vorpommern fand er einen kompetenten Partner, der seine Vorstellung in die Flasche bringen konnte. Gemeinsam mit Hamburger Bartendern und Spirituosenexperten hat er dann noch den Feinschliff des Destillats vorgenommen, nämlich die Entscheidung gefällt, mit welcher Alkoholstärke der Gin auf den Markt kommen sollte.

Botanicals
Außer Wacholder und Tonkabohne wird nichts weiter verraten.

T

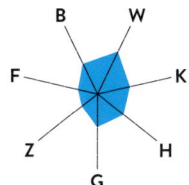

TRIPLE PEAK YELLOW LABEL

Nach einer zweijährigen Ausbildung in Bayern und diversen Praktika bei Brennereien im Schwarzwald, in Südtirol und Österreich eröffnete Birgitta Schulze van Loon am 11.11.2011 ihre Brennerei »Birgitta Rust – Piekfeine Brände« in der Hansestadt Bremen. Anlässlich des dritten Jubiläums ihrer Brennerei brachte sie 2014 ihren ersten Gin, den Triple Peak Yellow Label, auf den Markt. Dieser enthält neben traditionellen Botanicals, deren Anzahl nicht verraten wird, drei nordische Wildfrüchte, nämlich Hagebutte, Holunder und Sanddorn. Eine weitere Besonderheit dieses Destillats ist die Beigabe von Earl-Grey-Tee aus der Bremer Tee-Manufaktur »my cup of tea«.

Botanicals

Es ist bekannt, dass neben Wacholder etwa Hagebutte, Holunderbeere, Sanddorn, Earl-Grey-Tee und Koriander Verwendung finden.

BUNDESLAND
BREMEN

HERSTELLER
BIRGITTA RUST
PIEKFEINE BRÄNDE E. K.

ERSCHEINUNGSJAHR
2014

ALKOHOLGEHALT
44 % VOL.

ANZAHL BOTANICALS
NICHT BEKANNT

PREIS
34,80 € / 0,5 L

PASSENDES TONIC
FEVER-TREE INDIAN TONIC

PASSENDES GARNISH
ZITRONENZESTE

PASSENDER COCKTAIL
WHITE LADY

LINE EXTENSIONS
TRIPLE PEAK BROWN
LABEL DRY GIN

T

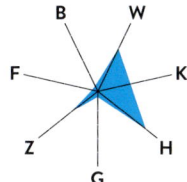

UWILA GERMAN DRY GIN

BUNDESLAND
NORDRHEIN-WESTFALEN

HERSTELLER
NORTHOFF FEINBRENNEREI
STEFAN NORTHOFF E.K.

ERSCHEINUNGSJAHR
2017

ALKOHOLGEHALT
44 % VOL.

ANZAHL BOTANICALS
NICHT BEKANNT

PREIS
35,99 € / 0,7 L

PASSENDES TONIC
THOMAS HENRY

PASSENDES GARNISH
ZITRONENZESTE

PASSENDER COCKTAIL
GIN BASIL SMASH

LINE EXTENSIONS
KEINE

Uwila ist das althochdeutsche Wort für Eule – ein Vogel, dem mitunter etwas Geheimnisvolles nachgesagt wird. So präsentiert sich auch der Gin, wenn er nicht alle seine Geheimnisse preisgibt. Über die Anzahl der Botanicals werden keine Details verraten. Seinen Ursprung hat der Uwila German Dry Gin in Lippetal, etwa 40 Kilometer westlich von Dortmund, wo er von der Feinbrennerei W. Northoff, einer Brennerei mit 200-jähriger Geschichte, in kleinen Chargen produziert wird. Jedes Batch hat etwa 145 Flaschen, die alle einzeln auf dem Etikett von Hand nummeriert werden.

Botanicals
Wacholder, Angelikawurzel, Hagebutte, Holunderblüte, Ringelblume, Veilchen. Da die Anzahl der Botanicals geheim bleibt, ist zu vermuten, dass dies nicht alle sind.

U

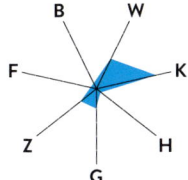

VALLENDAR
PURE GIN

Der Grundstein für Hubertus Vallendars Pure Gin wurde bereits 2005 mit einer Auftragsarbeit für Das Kontor, einen Weinhandel in Norden, gelegt. Dessen Inhaber Matthias Fuchs bestellte seinerzeit einen Wacholdergeist, der 2006 unter dem Namen Noordkorn auf den Markt kam. Aus dieser Zusammenarbeit entstand dann der Pure Gin. Er ist nicht ganz so puristisch wie ein Wacholdergeist, der nur ein Botanical kennt – nämlich Wacholder –, kommt aber mit gerade mal vier Botanicals aus. Die beiden Herren, ganz Puristen, empfehlen den Pure Gin explizit zum Purgenuss.

Botanicals

Im Hause Vallendar mag man es klassisch mit Wacholder, Koriander, Kardamom und Süßholz.

BUNDESLAND
RHEINLAND-PFALZ

HERSTELLER
BRENNEREI HUBERTUS
VALLENDAR GMBH & CO. KG

ERSCHEINUNGSJAHR
2014

ALKOHOLGEHALT
40 % VOL.

ANZAHL BOTANICALS
4

PREIS
32,00 € / 0,5 L

PASSENDER COCKTAIL
DRY MARTINI

LINE EXTENSIONS
KEINE

V

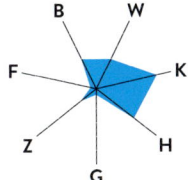

WAYFARER – DESTINATION PROVENCE

Anfang 2014 stieg Benedikt Brauers aus seinem Angestelltenjob aus, um eine kleine Destillerie am Kölner Stadtrand aufzubauen. Der Weg war steinig – vermutlich sehr viel steiniger, als er sich das vorgestellt hat. Aber nach mehr als zweieinhalb Jahren voller Rückschläge und schlaflosen Nächten wurde seine Wayfarer Distillery dann doch eröffnet. Deren Name stammt von dem schon im Mittelalter gebräuchlichen englischen Wort für »Reisender« oder »Wanderer«, und die Spirituosen, die er in traditioneller Handarbeit herstellt, versteht er als Hommage an die beeindruckendsten Destinationen, die er bereist hat. Der Destination: Provence entstand nach einer Frühsommerreise nach Südfrankreich und wird aus einem Dutzend typisch provenzalischer Zutaten destilliert.

Botanicals

Wacholder, Echter Lavendel, Zitronenverbene, Limone, Thymian, Rosmarin, Basilikum, Salbei, Koriander, Mandeln, Veilchen und Angelikawurzel.

BUNDESLAND
NORDRHEIN-WESTFALEN

HERSTELLER
WAYFARER DISTILLERY

ERSCHEINUNGSJAHR
2016

ALKOHOLGEHALT
44,2 % VOL.

ANZAHL BOTANICALS
12

PREIS
39,90 € / 0,5 L

PASSENDES TONIC
FEVER-TREE INDIAN TONIC

PASSENDES GARNISH
ZITRONENZESTE

PASSENDER COCKTAIL
GIN BASIL SMASH

LINE EXTENSIONS
KEINE

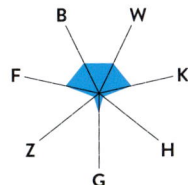

WEISSWANGE DRY GIN

Unter der Marke Weisswange hat die Hamburger Parfümeurin Kim Weisswange bereits eine ganze Reihe von Mixers und zwei Gins auf den Markt gebracht, dazu auch einen beachtlichen Virgin Gin & Tonic – jetzt, da alkoholfreie Gins (oder wie immer man diese Produkte nennen möchte) immer mehr Beachtung finden, sollte der interessierte Leser vielleicht einmal auf dieses Produkt zurückgreifen. Als Parfümeurin hat Kim Weisswange eine andere Herangehensweise an Gin. So sagt sie: »Ich empfinde Gin als eine Art Parfüm. Denn wenn man es einmal nüchtern betrachtet, ist es nichts anderes als parfümierter Vodka. Viele trinken meine Parfüms inzwischen gerne.«

Botanicals

Das komplexe, überaus homogene Bukett des Weisswange Gin wird durch 47 Botanicals bestimmt, von denen beispielsweise Wacholder, Shiso, Rosmarin, Bergamotte, Anis und Orangenblüte deutlich präsent sind.

BUNDESLAND
HAMBURG

HERSTELLER
WEISSWANGE
BEVERAGE GMBH

ERSCHEINUNGSJAHR
2015

ALKOHOLGEHALT
45 % VOL.

ANZAHL BOTANICALS
47

PREIS
39,00 € / 0,7 L

PASSENDES TONIC
GOLDBERG

PASSENDES GARNISH
ORANGENZESTE

PASSENDER COCKTAIL
GIN BASIL SMASH

LINE EXTENSIONS
WEISSWANGE OLD TOM GIN

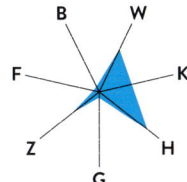

WEYERMANN GIN

Die Firma Weyermann in Bamberg ist bekannt für ihre Malze. Ihre Produkte werden von mehr als 4.000 Kunden in 135 Ländern in mehr als 50.000 Bieren verwendet. Mit der Errichtung eines Gästezentrums installierte man dort 2015 auch gleich eine Verschlussbrennerei für Whiskey und Bierbrände und eine kleinere Geistbrennerei, in der vorrangig Gin gebrannt wird. Mit der Amerikanerin Denise Jones hat Weyermann eine Destillateurin im Team, die das Fasslager mit Whiskey auffüllen und zusammen mit den Weyermann Malzexperten neue Rezepturen entwickeln wird – und den Weyermann Gin brennt.

Botanicals
Die verwendeten Botanicals sind nicht bekannt.

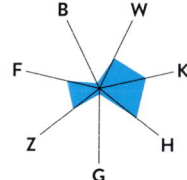

WHOBERTUS DRY GIN

Der heilige Hubertus gilt als Schutzpatron der Jagd, und das Motto des Whobertus Dry Gin lautet: »Jage deinen perfekten Moment.« Gebrannt wird er in der Enzianbrennerei Grassl in den Berchtesgadener Alpen, deren Geschichte bis in die Anfänge des 17. Jahrhunderts zurückreicht. Urkundliche Belege bezeugen, dass um 1692 der Untersteiner Gastwirt Grassl die Brennrechte erteilt bekam. Diese Brennerei unterhält noch Bergbrennhütten, die früher anstelle einer zentralen Brennerei im Tal genutzt wurden, damit die schweren Enzianwurzeln nicht erst ins Tal gebracht werden mussten. In einer dieser Hütten soll heute der Whobertus gebrannt werden.

Botanicals

Der Whobertus wird nach einer geheimen Rezeptur destilliert. Bekannt sind nur Wacholder, Angelikawurzel, Koriander und Thymian.

BUNDESLAND
BAYERN

HERSTELLER
DECKER U. HALMBURGER
U. MÜLLER GBR

ERSCHEINUNGSJAHR
2016

ALKOHOLGEHALT
42 % VOL.

ANZAHL BOTANICALS
12

PREIS
37,90 € / 0,5 L

PASSENDES TONIC
FEVER-TREE INDIAN TONIC

PASSENDES GARNISH
ZITRONENZESTE

PASSENDER COCKTAIL
DRY MARTINI

LINE EXTENSIONS
KEINE

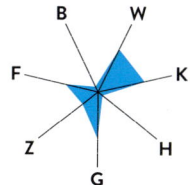

WILD GIN

Hinter dem Wild Gin steht das traditionsreiche Weingut Escher, ein baden-württembergischer Familienbetrieb aus Schwaikheim in der Nähe von Stuttgart. Brennmeister Markus Escher, der auch einer der beiden Köpfe hinter dem GINSTR ist, brennt hier gemeinsam mit seinem Vater den Wild Gin. Viele der verwendeten Botanicals werden aus der Zwischenbegrünung der familieneigenen Weinberge gewonnen. Das kann von Jahr zu Jahr unterschiedlichen Erfolg haben. Deshalb kann die Anzahl der Botanicals von Batch zu Batch schon mal abweichen. Auf den schwarzen Steingutflaschen wird daher deutlich darauf hingewiesen, in welchem Jahr die Botanicals gesammelt und destilliert wurden.

Botanicals

Wie beschrieben kann sich das Rezept aufgrund der Naturgegebenheiten verändern. Verwendung finden aber Esparsette, Wiesenrispe, Goldhafer, roter und weißer Klee, Rosmarin, Luzerne, Rittersporn, Lavendel, Melisse sowie Brennnessel.

BUNDESLAND
BADEN-WÜRTTEMBERG

HERSTELLER
WEINGUT ESCHER GBR

ERSCHEINUNGSJAHR
2015

ALKOHOLGEHALT
42 % VOL.

ANZAHL BOTANICALS
VARIIERT

PREIS
39,00 € / 0,5 L

PASSENDES TONIC
FEVER-TREE INDIAN TONIC

PASSENDES GARNISH
ZITRONENZESTE

PASSENDER COCKTAIL
NEGRONI

LINE EXTENSIONS
KEINE

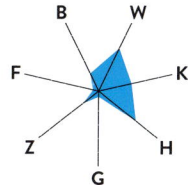

WINDSPIEL PREMIUM DRY GIN

BUNDESLAND
RHEINLAND-PFALZ

HERSTELLER
WINDSPIEL MANUFAKTUR
GMBH

ERSCHEINUNGSJAHR
2014

ALKOHOLGEHALT
47 % VOL.

ANZAHL BOTANICALS
12

PREIS
39,99 € / 0,5 L

PASSENDES TONIC
FENTIMANS

PASSENDES GARNISH
ZITRONENZESTE

PASSENDER COCKTAIL
WHITE LADY

LINE EXTENSIONS
WINDSPIEL PREMIUM DRY GIN
DISTILLERS CUT
WINDSPIEL PREMIUM DRY GIN
RESERVE (FASSGEREIFT)
WINDSPIEL PREMIUM SLOE GIN
WINDSPIEL PREMIUM DRY GIN
NAVY STRENGTH

Der Windspiel Premium Gin aus der Eifel stellt sich als wohldurchdachtes Gesamtkonzept dar: vom Beginn der Herstellung, dem Neutralalkohol, der aus selbst angebauten Kartoffeln gewonnen wird, bis zum Genuss durch den Konsumenten. Letzterem wird ein eigens für den Windspiel Premium Dry Gin entwickeltes Tonic Water an die Hand gegeben, das den Genuss noch erhöhen soll. Und auch die Flasche des Windspiel Gins wirkt nicht eben aus dem Ärmel geschüttelt, da hat man sich lange Gedanken gemacht. Diese Mühe wurde dann auch mit dem German Design Award und dem Red Dot Design Award belohnt.

Botanicals

Wacholder, Zitrone, Lavendel, Nelke, Koriander, Ingwer und Zimt. Der Rest bleibt geheim.

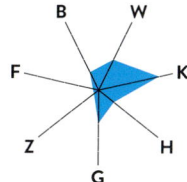

WISMARIAN DRY GIN

Hergestellt wird der Wismarian Dry Gin im Brauhaus am Lohberg zu Wismar, das 1452 von Hinricus Noyte gegründet wurde. Nach über 550-jähriger wechselvoller Geschichte – im 17. Jahrhundert diente das Gebäude den Schweden als Proviant haus, bis ins frühe 20. Jahrhundert war es als Speicher in Benutzung, und 1979/80 wurde es nach umfassender Sanierung zur Produktionsstätte eines Kleinbetriebes – wurde das Gebäude 1995 saniert und als Brauhaus und Gaststätte wiedereröffnet. Seither wird im Brauhaus am Lohberg zu Wismar wieder traditionelles Wismarer Bier gebraut – und in der 2010 errichteten Brennerei werden Whisky, Gin und diverse andere Spirituosen hergestellt.

Botanicals

Wacholder, Koriander und Lavendel – der Rest bleibt geheim.

BUNDESLAND
MECKLENBURG-VORPOMMERN

HERSTELLER
HINRICUS NOYTE'S
SPIRITUOSEN GMBH WISMAR

ERSCHEINUNGSJAHR
2014

ALKOHOLGEHALT
45 % VOL.

ANZAHL BOTANICALS
20

PREIS
49,00 € / 0,7 L

PASSENDES TONIC
SCHWEPPES DRY TONIC

PASSENDES GARNISH
LIMETTENZESTE

PASSENDER COCKTAIL
NEGRONI

LINE EXTENSIONS
WISMARIAN SLOE GIN

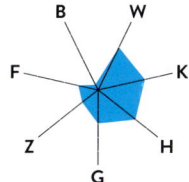

WOODLAND SAUERLAND DRY GIN

Fichtenspitzen, Baumpilz, Löwenzahnwurzel, Brennnesseln und handgepflückter Sauerampfer. Diese nicht gerade alltäglichen Botanicals des Woodland Sauerland Gins springen als erstes ins Auge. Eine Reminiszenz an das von Wäldern geprägte Mittelgebirge des Sauerlands. Ein Team von nicht weniger als sieben Männern, die sich teilweise seit der Kindheit kennen, steht hinter dem Gin. Marketing-Experten, ein Designer, ein Fernsehkoch, Juristen – eine multiprofessionelle Crew. Gebrannt wird der Woodland Sauerland Dry Gin in der Märkischen Spezialitätenbrennerei in Hagen, das oft als das »Tor zum Sauerland« bezeichnet wird.

Botanicals

Alle werden nicht verraten. Bekannt sind Fichtenspitzen, Baumpilz, Sauerampfer, Löwenzahnwurzel, Brennnessel, roter Pfeffer und Mandarinenschale. Und natürlich Wacholder.

BUNDESLAND
NORDRHEIN-WESTFALEN

HERSTELLER
SAUERLAND
DISTILLERS GMBH

ERSCHEINUNGSJAHR
2017

ALKOHOLGEHALT
45,3 % VOL.

ANZAHL BOTANICALS
26

PREIS
37,90 € / 0,5 L

PASSENDES TONIC
SCHWEPPES DRY TONIC

PASSENDES GARNISH
ZITRONENZESTE

PASSENDER COCKTAIL
NEGRONI

LINE EXTENSIONS
WOODLAND DISTILLER'S CUT

BLUE GIN

Von einer Gin-Welle ist 2006 noch nichts zu ahnen, als Hans Reisetbauer auf einer Reise in den USA auf die Idee kommt, einen eigenen Gin zu brennen.

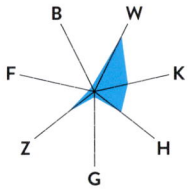

HERSTELLER
REISETBAUER
QUALITÄTSBRAND GMBH

ALKOHOLGEHALT
43 % VOL.

ANZAHL BOTANICALS
27

PREIS
29,90 € / 0,7 L

FUXBAU DISTILLED GIN

Mit einer nur 20 Liter fassenden Brennanlage wird dieser Gin im steirischen St. Magdalena am Lemberg hergestellt.

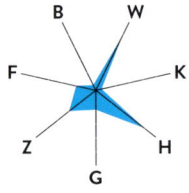

HERSTELLER
GINMANUFAKTUR
FUXBAU OG

ALKOHOLGEHALT
44 % VOL.

ANZAHL BOTANICALS
12

PREIS
34,00 € / 0,5 L

ÖSTERREICH

O. GIN

Für den O. Gin werden ausschließlich Botanicals aus biologischem Anbau verwendet. Und auch der Neutralalkohol stammt natürlich aus Bio-Anbau.

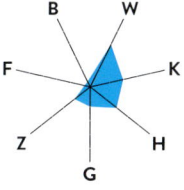

HERSTELLER
DESTILLERIE FARTHOFER

ALKOHOLGEHALT
40 % VOL.

ANZAHL BOTANICALS
24

PREIS
29,90 € / 0,5 L

WIEN GIN

Küss die Hand! Eine Hommage an die Stadt Wien: traditionsbewusst und doch modern, etwas Jugendstil und auch ein kleines bisschen Wiener Schmäh.

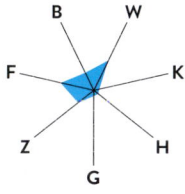

HERSTELLER
KESSELBRÜDER GMBH

ALKOHOLGEHALT
43 % VOL.

ANZAHL BOTANICALS
8

PREIS
39,90 € / 0,7 L

CLOUDS GIN

Der Clouds Gin wurde von der Humbel Spezialitätenbrennerei AG und der Züricher Bar Clouds im Prime Tower gemeinsam entwickelt.

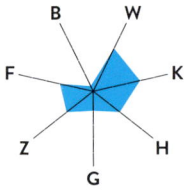

HERSTELLER
HUMBEL SPEZIALITÄTEN-
BRENNEREI AG

ALKOHOLGEHALT
42 % VOL.

ANZAHL BOTANICALS
7

PREIS
55,00 CHF / 0,7 L

GIN 27

Die 27 im Namen deutet nicht etwa auf die Anzahl der Botanicals hin, das ist die Hausnummer des Herstellers.

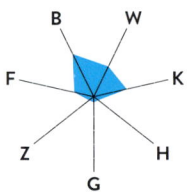

HERSTELLER
APPENZELLER
ALPENBITTER AG

ALKOHOLGEHALT
43 % VOL.

ANZAHL BOTANICALS
NICHT BEKANNT

PREIS
40,00 CHF / 0,7 L

SCHWEIZ

MORRIS GIN

Ein klassisch-eleganter London Dry Gin stand Pate für diesen Gin des bereits aus der Vorarlberger Privatbrennerei Gebhard Hämmerle bekannten Peter Angel.

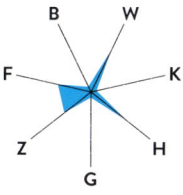

HERSTELLER
THE WILD ALPS GMBH

ALKOHOLGEHALT
47 % VOL.

ANZAHL BOTANICALS
7

PREIS
48,00 € / 0,7 L

NGINIOUS! SUMMER GIN

Der nginious! Summer Gin scheint den Sommer nicht nur mit seinem Badekappen-Outfit, sondern auch mit seinem Inhalt einfangen zu wollen.

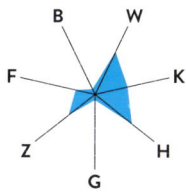

HERSTELLER
ULLRICH & CO, SPIRIT PRODUCTION & CONSULTING

ALKOHOLGEHALT
42 % VOL.

ANZAHL BOTANICALS
8

PREIS
49,90 € / 0,5 L

INDEX

COCKTAILS

IMPRESSUM

COPYRIGHT © GRÄFE UND UNZER VERLAG
VERLAG GMBH, MÜNCHEN

HALLWAG IST EIN UNTERNEHMEN DER **GRÄFE UND UNZER VERLAG** GMBH, MÜNCHEN, **GANSKE VERLAGSGRUPPE**
WWW.HALLWAG.DE

IDEE & KONZEPT
MIXOLOGY – MAGAZIN FÜR BARKULTUR, BERLIN

PROJEKTLEITUNG MIXOLOGY
JENS HASENBEIN

PROJEKTBETREUUNG GRÄFE UND UNZER
SIMONE KOHL

EINFÜHRUNGSTEXT
STEFAN ADRIAN

VERKOSTUNGSTEXTE
OLIVER STEFFENS

REDAKTION
NILS WRAGE, MIXOLOGY

LEKTORAT & KORREKTORART
GESA WEISS, LANGENBUCH & WEISS, HAMBURG

GESTALTUNG & SATZ
KRISTINA DAUES, EDITIENNE – KOMMUNIKATIONSDESIGN

UMSCHLAGGESTALTUNG
EDITIENNE

HERSTELLUNG
MARKUS PLÖTZ

REPRO
REPRO LUDWIG, ZELL AM SEE

DRUCK & BINDUNG
DIMOGRAF, POLEN

BILDNACHWEIS
FLASCHENPORTRÄTS: TIM KLÖCKER & SEBASTIAN BÖHME (OTTTN); ARCHIV STEINHÄGER/SCHWARZE & SCHLICHTE, WACHHOLDERBRENNEREI EVERSBUSCH

ILLUSTRATION
VECTORSTOCK

1. AUFLAGE 2019
ISBN: 978-3-8338-7023-1

LIEBE LESERIN UND LIEBER LESER,
WIR FREUEN UNS, DASS SIE SICH FÜR EIN HALLWAG-BUCH ENTSCHIEDEN HABEN. MIT IHREM KAUF SETZEN SIE AUF DIE QUALITÄT, KOMPETENZ UND AKTUALITÄT UNSERER BÜCHER. DAFÜR SAGEN WIR DANKE! IHRE MEINUNG IST UNS WICHTIG, DAHER SENDEN SIE UNS BITTE IHRE ANREGUNGEN, KRITIK ODER LOB ZU UNSEREN BÜCHERN. HABEN SIE FRAGEN ODER BENÖTIGEN SIE WEITEREN RAT ZUM THEMA? WIR FREUEN UNS AUF IHRE NACHRICHT!

GRÄFE UND UNZER VERLAG

LESERSERVICE
POSTFACH 860313, 81630 MÜNCHEN
WIR SIND FÜR SIE DA!
MONTAG – DONNERSTAG: 9.00 – 17.00 UHR
FREITAG: 9.00 – 16.00 UHR

TEL.: 00800 / 72 37 33 33*
FAX: 00800 / 50 12 05 44*
(*GEBÜHRENFREI IN D, A, CH)
E-MAIL: LESERSERVICE@GRAEFE-UND-UNZER.DE

GRÄFE UND UNZER

Ein Unternehmen der
GANSKE VERLAGSGRUPPE

COCKTAILS

IMPRESSUM

COPYRIGHT © GRÄFE UND UNZER VERLAG
VERLAG GMBH, MÜNCHEN

HALLWAG IST EIN UNTERNEHMEN DER **GRÄFE UND UNZER VERLAG** GMBH, MÜNCHEN, **GANSKE VERLAGSGRUPPE**
WWW.HALLWAG.DE

IDEE & KONZEPT
MIXOLOGY – MAGAZIN FÜR BARKULTUR, BERLIN

PROJEKTLEITUNG MIXOLOGY
JENS HASENBEIN

PROJEKTBETREUUNG GRÄFE UND UNZER
SIMONE KOHL

EINFÜHRUNGSTEXT
STEFAN ADRIAN

VERKOSTUNGSTEXTE
OLIVER STEFFENS

REDAKTION
NILS WRAGE, MIXOLOGY

LEKTORAT & KORREKTORART
GESA WEISS, LANGENBUCH & WEISS, HAMBURG

GESTALTUNG & SATZ
KRISTINA DAUES, EDITIENNE – KOMMUNIKATIONSDESIGN

UMSCHLAGGESTALTUNG
EDITIENNE

HERSTELLUNG
MARKUS PLÖTZ

REPRO
REPRO LUDWIG, ZELL AM SEE

DRUCK & BINDUNG
DIMOGRAF, POLEN

BILDNACHWEIS
FLASCHENPORTRÄTS: TIM KLÖCKER & SEBASTIAN BÖHME (OTTTN); ARCHIV STEINHÄGER/SCHWARZE & SCHLICHTE, WACHHOLDERBRENNEREI EVERSBUSCH

ILLUSTRATION
VECTORSTOCK

1. AUFLAGE 2019
ISBN: 978-3-8338-7023-1

LIEBE LESERIN UND LIEBER LESER,
WIR FREUEN UNS, DASS SIE SICH FÜR EIN HALLWAG BUCH ENTSCHIEDEN HABEN. MIT IHREM KAUF SETZEN SIE AUF DIE QUALITÄT, KOMPETENZ UND AKTUALITÄT UNSERER BÜCHER. DAFÜR SAGEN WIR DANKE! IHRE MEINUNG IST UNS WICHTIG, DAHER SENDEN SIE UNS BITTE IHRE ANREGUNGEN, KRITIK ODER LOB ZU UNSEREN BÜCHERN. HABEN SIE FRAGEN ODER BENÖTIGEN SIE WEITEREN RAT ZUM THEMA? WIR FREUEN UNS AUF IHRE NACHRICHT!

GRÄFE UND UNZER VERLAG

LESERSERVICE
POSTFACH 860313, 81630 MÜNCHEN
WIR SIND FÜR SIE DA!
MONTAG – DONNERSTAG: 9.00 – 17.00 UHR
FREITAG: 9.00 – 16.00 UHR

TEL.: 00800 / 72 37 33 33*
FAX: 00800 / 50 12 05 44*
(*GEBÜHRENFREI IN D, A, CH)
E-MAIL: LESERSERVICE@GRAEFE-UND-UNZER.DE

GRÄFE
UND
UNZER

Ein Unternehmen der
GANSKE VERLAGSGRUPPE

Hallwag